AliResearch
阿里研究院

# 电商赋能　弱鸟高飞

## 电商消贫报告（2015）

张瑞东　蒋正伟／著

社会科学文献出版社
SOCIAL SCIENCES ACADEMIC PRESS (CHINA)

# "橙皮书"——在复杂的世界里，一个就够了

这是一个不可思议的时代。

这是一个急剧变革的时代。

这是一个从 IT 向 DT 转变的时代。

DT 时代，阿里研究院以数据驱动作为认识世界、研究问题的动力和方向，扎根于阿里商业生态系统，开展面向新经济、新治理的宏观、中观、微观的未来与治理的研究，洞察数据，共创新知。

我们的研究包括：信息经济、新商业文明、DT 范式研究、C2B 商业模式、未来组织模式、产业互联网化、电商物流、农村电商、EWTO、创新创业、互联网治理、网规、电商立法等。

秉承开放、分享的互联网精神，阿里研究院同时联系着上千位新经济与新治理领域的研究者、智库机构，并发起、参与了多个社会化的研究社群，如：信息社会 50 人论坛、微金融 50 人论坛、网规研究中心等。

"橙皮书"是阿里研究院及其研究伙伴呈现给世界的一点思考、一点观察，是关于新经济、新治理系列研究报告的品牌合称，其中的各种分析、评语、预测和观点，坚持以真实数据和案例为基础，用信息经济和互联网思维，研究关于未来的新理念、新洞见与新规则。

没有谁是这个大时代转变的看客或观众。今天的你我，就是这个大时代创新与转变的主角。愿通过"橙皮书"这个平台与所有关注新经济、新治理问题的朋友们携手前行，迈进未来。

DT 时代，未来，已来。

# "橙皮书"编委会

总 编 委：高红冰

编辑委员会：阿拉木斯　宋　斐　杨　健　游五洋

# 阿里研究院

工业文明与信息文明快速交替，全球化浪潮与本地化回声相互交织。21 世纪的第一个 10 年之后，人类正在由 IT 时代快速切换到 DT 时代。新技术所驱动的大规模商业创新，以及商业创新所引致的治理创新、制度创新，在全球范围内都展示出了前所未有、广阔无边的巨大可能。DT 时代，就在前方，就在脚下。

这也是新经济与新治理研究者的黄金年代。近年来，基于互联网的价值导向，运用互联网化的新方法、新工具，研究互联网、大数据给社会经济带来的新现象、新规则，已经在学界开展了越来越多的探索和实践。越来越多的学者、智库，通过与网商、服务商、平台、用户等之间的大规模社会化协作，正在创新性地研究这个时代，全球、国家、产业、企业和个人所面临的大变迁。

成立于 2007 年 4 月的阿里研究院，正是这一进程的参与者和推动者。

● 定位：DT 时代的智库平台

我们依托并深深扎根于全球最大、最具活力的在线商业生态系统——由电子商务、互联网金融、智能物流、云计算与大数据等构成的阿里巴巴商业生态圈。

我们秉承开放、分享、透明的互联网精神，基于前瞻的理念与洞察，强大的数据驱动力，丰富的案例积累，致力于成为新经济、新治理领域的智库与智库平台，包括：数据开放平台、专家网络与智库平台。

- **研究范围：新经济、新治理**

    未来研究：如信息经济、新商业文明、DT 范式研究；

    微观层面：模式创新研究，如 C2B 商业模式、未来组织模式；

    中观层面：产业互联网化研究，如电商物流、农村电商；

    宏观层面：如互联网对消费、投资、进出口、就业的影响等；

    治理研究：互联网治理、网规、电商立法等。

- **研究成果**

    《信息经济前景系列报告》

    《互联网 +：从 IT 到 DT》

    《云计算开启信息经济 2.0》

    《互联网时代的全球贸易新机遇——普惠贸易趋势》

    《"移动互联网 +"中国双创生态研究报告》

    《中国 DT 城市智能服务指数研究报告》

    《中国淘宝村研究系列报告》

    aSPI：阿里巴巴网购价格系列指数

    aEDI：阿里巴巴电子商务发展指数

    阿里经济云图

    ……

- **研究活动**

    活水计划：面向青年研究者的开放研究计划，已举办五届

    全球新经济智库大会：智库研讨新经济、新治理的平台

    中国县域电商峰会：全国县市长参会交流县域电商发展经验

中国淘宝村高峰论坛：淘宝村的嘉年华、淘宝村年度名单发布平台

中国电子商务园区高峰论坛：电商园区的交流盛会

- 组织架构

  - 整体架构：大平台 + 小前端

  大平台：数据平台、智库平台

  小前端：多个研究小组

  - 两个研究中心

  ADEC——阿里数据经济研究中心

  ACERC——阿里跨境电商研究中心

  - 强大顾问团队与学术委员会

  阿里研究院聘有多位一流专家作为顾问，同时设有学术委员会、研讨重要学术议题

  - 社会化、无边界的研究社群

  阿里研究院发起、参与了多个社会化的研究社群，如：信息社会 50 人论坛、微金融 50 人论坛、网规研究中心等。

为新经济、新治理的发展鼓与呼，是大时代给研究者带来的历史机遇，更是时代赋予研究者的责任。阿里研究院将携手新经济与新治理领域的研究者、智库机构，共创、共建、共享关于未来的新理念、新洞见与新规则。

# 阿里巴巴公益基金会

阿里巴巴公益基金会（英文名"Alibaba Foundation"）经国家民政部、国务院审核批准通过，于 2011 年 12 月 22 日正式成立，是由国家民政部主管的全国性非公募基金会。

承担阿里巴巴应有的社会责任是阿里巴巴公益基金会的使命。同时，自然灾害救助、扶贫助残、帮助受助群体提高能力以改善生活条件和环境保护是阿里巴巴公益基金会重点关注的领域。

阿里巴巴公益基金会的宗旨是：营造公益氛围，发展公益事业，促进人与社会、人与自然的可持续发展。具体业务范围包括：自然灾害救助、扶贫助残、帮助受助群体提高能力以改善生活条件；开展环境保护宣传，支持环保类公益性组织的发展；支持非营利性组织发展及组织培训、国际交流等活动；符合章程规定的其他公益事业。

# 目录

CONTENTS

前 言 ／ 001

## 1 背 景 ／ 001

    1.1 我国消贫成效显著，但任务依然艰巨 ／ 003

    1.2 我国消贫理念的演进，从帮扶到赋能 ／ 004

## 2 电子商务开辟消除贫困新路径 ／ 007

    2.1 电商消贫是顺应时代发展的新亮点 ／ 009

        2.1.1 新基础设施为消除贫困提供新方法新手段 ／ 009

        2.1.2 新经济形态为贫困人群搭建创新创业平台 ／ 011

        2.1.3 新服务体系改变贫困人群的思维方式及生活方式 ／ 014

    2.2 电商消贫的概念和内涵 ／ 016

    2.3 电商消贫的特征和意义 ／ 017

        2.3.1 注重市场逻辑，帮扶贫困人群自立自强 ／ 017

        2.3.2 强调营造渔场，培育贫困地区电商生态 ／ 018

        2.3.3 实现六个精准，解决中国三农未解难题 ／ 020

    2.4 我国电商消贫的进展与成就 ／ 022

# 目录

CONTENTS

**3 阿里巴巴电商消贫的实践和成果** ／ 027

 3.1 阿里巴巴电商消贫的历程 ／ 029

 3.2 阿里巴巴电商消贫的"双核+N"体系 ／ 031

 3.3 阿里巴巴电商消贫的三个层面 ／ 033

 3.4 阿里巴巴电商消贫的成果 ／ 035

  3.4.1 阿里平台帮助贫困地区消费节支 ／ 035

  3.4.2 阿里平台帮助贫困地区变现增收 ／ 037

  3.4.3 农村淘宝加速贫困地区电商发展 ／ 039

  3.4.4 蚂蚁金服为贫困地区带来普惠金融 ／ 041

  3.4.5 阿里巴巴为贫困地区培育电商生态 ／ 043

  3.4.6 电商消贫帮扶特殊人群 ／ 047

**4 阿里巴巴电商消贫的全球化视野** ／ 053

**附 众说电商消贫** ／ 057

 报告作者及致谢 ／ 061

# 前言

电子商务诞生十余年来，对社会、经济、文化各层面产生了前所未有的影响，在中国农村，电子商务也从星星之火发展到今天形成燎原之势，贫困地区的农民借助互联网工具，在市场的推动下，爆发出了惊人的创新力和生产力，他们迅速摆脱贫困，对接并融入现代生产和生活方式。江苏睢宁、山东曹县就是其中鲜活的成功案例。这些工业时代的贫困县脱颖而出成为信息时代的明星县。

212个淘宝村，100万新农人，1800亿农村消费，这些数字让我们看到了市场的力量。2014年起，商务部和财政部发起电子商务进农村的行动，各大电商平台纷纷开展"电商下乡"，这让我们看到了政府和平台的决心。从此市场、政府、平台，三股力量开始形成合力，电商消贫的实践和创新迈上一个新台阶。在甘肃陇南、江西赣州和贵州铜仁，电商消贫工作在快速推进，贫困人群的生活大为改观。

如何理解和认识电商消贫，如何利用互联网基础设施带来的新方法、新手段，如何思考平台经济、共享经济对于消贫工作的意义，如何看待新型服务体系对于消贫工作的影响，如何借鉴在社会化大平台上展开的创新和实践，在2020年我国实现全面消除贫困目标的大背景下，显得格外重要。

## 观点·数据·结论：

观点：电商消贫，即通过建设和安装新型基础设施，在贫困地区培育和培养电商生态和电商意识，建立本地化的电子商务服务体系，从而促进贫困人群利用互联网技术和手段开展创新与创业，通过信息化服务，最终改变贫困人群的生产和生活方式，实现脱贫致富。

数据一，2014年832个国家级贫困县在阿里零售平台上，共完成消费1009.05亿元，同比增长59.84%。共完成销售119.30亿元，同比增长57.01%。其中农产品销售达到11.80亿元。

数据二，2014年832个国家级贫困县在阿里零售平台上，河南省镇平县、河北省平乡县、安徽省舒城县位列"电商创富榜"前三，均成长起超过5亿规模的网销产业。

数据三，2014年832个国家级贫困县有663个国家级贫困县的经营者，在蚂蚁金服平台申请了阿里小贷，覆盖率达到79.69%。这些贫困县的约2.02万名经营者共获得贷款29.73亿元。

数据四，至2015年9月底，农村淘宝在31个国家级贫困县，42个省级贫困县上线运营。加入农村淘宝的31个国家级贫困县，其卖出和买入增长率均高于未加入农村淘宝的贫困县。尤其是在买入方面，高出5-8个百分点。

数据五，至2015年上半年，832个国家级贫困县在阿里零售平台上，共有用户1972.65万个，共有卖家29.27万人。他们无疑会成为未来更多消贫实践的推动者和践行者，成为消贫创新的源泉。

结论一：电子商务成为农村消除贫困的新途径。

结论二：贫困地区电子商务发展空间巨大，贫困群众借助电商，创新、创业大有可为。

结论三：电子商务拉近了贫困地区与现代化的距离，把大量贫困人口带入了信息化的门槛，将使贫困地区的面貌焕然一新。

结论四：电子商务在消除贫困的同时，也开启了城乡融合的新模式。

结论五：电子商务将在"一带一路"建设中发挥国际化消贫解困的独到作用。

# 1

背 景

## 1.1 我国消贫成效显著,但任务依然艰巨

2015年10月16日,在2015减贫与发展高层论坛上,国家主席习近平宣布,经过中国政府、社会各界、贫困地区广大干部群众共同努力以及国际社会积极帮助,中国6亿多人口摆脱了贫困。2015年,联合国千年发展目标在中国基本实现。中国是全球最早实现千年发展目标中减贫目标的发展中国家,为全球减贫事业做出了重大贡献。

但习近平主席也指出,尽管中国取得了举世瞩目的发展成就,但中国仍然是世界上最大的发展中国家,缩小城乡和区域发展差距依然是我们面临的重大挑战。全面小康是全体中国人民的小康,不能出现有人掉队。未来5年,我们将使中国现有标准[①]下7000多万贫困人口全部脱贫。这是中国落实2015年后发展议程的重要一步。

国家统计局2014年的统计监测数据显示,我国还有7017万现有标准下的贫困人口。尽管从数字上看,比已经完成脱贫的人口规模小了很多,但我们必须意识到,今后的消贫工作将更加艰难,不得不去啃最硬的"骨头",那些最穷的地方,也正是底子最薄弱、条件最恶劣、工程艰

图1 山东省曹县大集镇的电商消贫标语

---

① 中国目前的贫困线是2011年确定的,农村(人均纯收入)贫困标准为2300元。国际贫困标准1.25美元/天。

巨的贫困堡垒。

与此同时，在世界范围内，由于种种原因，贫富悬殊和南北差距扩大问题依然严重存在，贫困及其衍生出来的饥饿、疾病、社会冲突等一系列难题依然困扰着许多发展中国家，全世界有 8 亿人仍处于贫困状态。根据 2015 年后发展议程目标，在未来 15 年内彻底消除极端贫困，将每天收入不足 1.25 美元的人数降至零，对中国来说，依然任重而道远。

## 1.2 我国消贫理念的演进，从帮扶到赋能

济贫助困是中华民族的优良传统，新中国成立伊始，我国就开始对贫困人口进行有针对性的帮扶，至今大抵经过了五个阶段，见图 2。消贫的理念在实践中不断演进、提升，从救济式帮扶到产业式开发，再到信息化赋能，为 2020 年彻底消除贫困积累了经验，创造了条件。

第一阶段是从 1949 年到 1978 年。消贫工作的主要方式是救济式帮扶，各级政府及相关部门出钱物对贫困者直接进行救济，以求得暂时的温饱，解决贫困人口的生存问题。救济式的扶贫模式在当时的历史条件下，在促进贫困地区的社会发展方面起到了积极的作用。

第二阶段是从 1978 年到 1985 年。消贫工作的主要特点是体制改革驱动。农村经济体制改革在缓解农村贫困，减少农村贫困人口方面发挥了巨大的作用。改革极大地激发和调动了广大

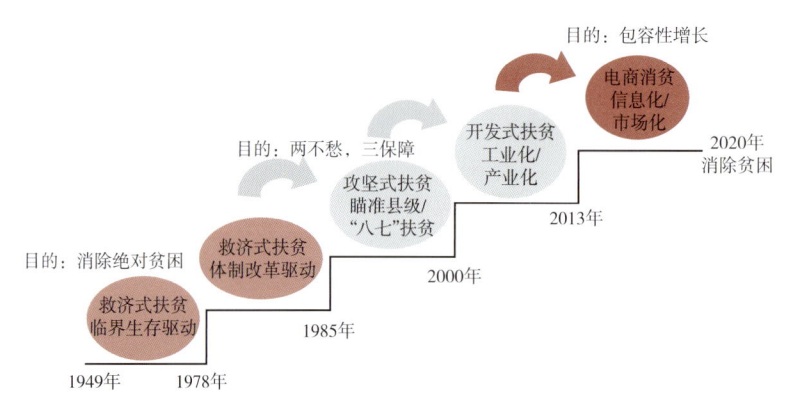

图 2 我国消贫理念演进的内在逻辑

农民的生产积极性，农产品产量大幅度提高，同时，农产品价格的提高和农业生产资料价格的下降，使农民收入迅速增加。

第三阶段是从1985年到2000年。消贫工作开始把扶贫和开发结合起来，确立重点地区，开展攻坚式扶贫。这一时期，改变了以往单纯救济的扶贫方式，把扶贫与对贫困地区进行全面开发有机地结合起来；改变了以往分散、平均使用国家用于贫困地区的资金和物资的做法，开始突出重点，确立了十几个连片贫困地区；改变了以往单纯由财政拨款、资金无偿使用的方式，转向有偿使用与无偿使用相结合的方式。同时，贯彻和执行《国家"八七"扶贫攻坚计划》，扶贫攻坚成为这一时期的主旋律。

第四阶段是从2001年到2013年。消贫工作确立了开发式扶贫的方向，通过在贫困地区进行因地制宜的产业开发，发展工业来带动贫困人口脱贫致富。这一阶段消贫工作开始借助市场力量，越来越多的市场主体参与进来并在消贫工作中发挥了突出的作用。

第五阶段是在2013年以后，消贫工作开始利用新型基础设施和技术，借助市场化的力量创新出多种消贫方式，如光伏消贫、金融消贫等，其中尤以电商消贫，效果最好，也更受关注。互联网和电子商务所具备的公平、包容、大规模降低信息成本等特性，在消除贫困方面显示了巨大的潜力，也为从根本上消除贫苦创造了条件。

# 2

## 电子商务开辟消除贫困新路径

## 2.1 电商消贫是顺应时代发展的新亮点

新基础设施（如互联网、云计算、智能终端等）的建设和安装，为消贫工作提供了新的方法和手段；新经济形态（平台经济、共享经济和微经济）的崛起，为贫困人群提供了创新创业的平台，打开新的上升通道；新服务体系（商品、生活、医疗、文化等）的建立，使贫困人群对接并融入新型生活方式，改变思维方式，远离了贫困，走上了小康之路。电子商务消除贫困，彻底改变了人们的生存状态，这种改变更持久、更有发展，彻底根除了贫困发生的土壤。

| 农业经济 | 工业经济 | 信息经济 |
|---|---|---|
| ·土地、水利<br>·减税赋<br>·救济消贫 | ·铁公机<br>·促生产<br>·产业消贫 | ·云网端<br>·培生态<br>·电商消贫 |

**图 3　不同时代里不同基础设施下的消贫方式**

### 2.1.1　新基础设施为消除贫困提供新方法新手段

在农业时代，土地、人力是最主要的生产要素，围绕土地所展开的水利、仓储等是最主要的基础设施。农业时代没有严格意义的扶贫消贫概念，其最主要的减贫活动就是开仓放粮、赈济灾民，比较积极一些的手段是削减税赋、发展生产等。

在工业时代，资本、技术是最主要的生产要素，铁路、公路、机场是其主要基础设施。工业时代讲求的是产业扶贫，通过工业化和产业化的发展，帮助贫困地区实现造血功能。这种方式在一些有条件的地区取得了很好的效果。我国已经脱贫的 6 亿多人口，很多都是产业扶贫的结果。但在匮乏的商业基础设施及严重信息不对称面前，帮助贫困地区的农民产业开发容易，让他们对接市场却很难。这也是很多贫困人群不断在脱贫与返贫间徘徊的根本原因。

随着信息时代的到来，"云（云计算）、网（互联网、物联网）、端（智能终端）"等新型基础设施的快速安装，为扶贫带来新的突破。尤其是随着移动互联网的发展，农民们使用智能手机就可以把脉市场需求，点点鼠标就可以把产品销售出去。这使我们看到，贫困地区可以通过信息化、通过电子商务助力发展，变道超车或另辟蹊径，实现减贫脱贫目标，走向富强。

## 案例 黑龙江省明水县的扶贫大数据中心建设

2015年初，按照国家推进"电商扶贫"工程的部署和要求，黑龙江省明水县开始探索电商扶贫新模式。明水县积极利用和投入"云网端"等新型基础设施，构建了"五位一体"框架体系，从而在电商扶贫中起到了事半功倍的效果。

明水县"五位一体"框架体系包括建设1个扶贫大数据管理中心，1个扶贫信息服务平台，1条物流配送体系，1个覆盖全县57个贫困村的服务网点，1条市场化运营长效机制。

扶贫大数据中心，运用大数据、云计算等互联网技术，将贫困县、贫困村、贫困户、贫困村内的新型经营主体等数据进行精准记录、精准分析、精准处理运筹，实现对贫困对象的精准识别，达到扶真贫的效果；实现措施功能精准，依据大数据分析处理后的贫困村、贫困户资源、生产方式、劳动技术等数据，科学制定"一村一策、一户一法"的精准扶贫措施，达到真扶贫的效果；实现考核功能精准，依据大数据分析处理后的数据考核脱贫成果，达到真脱贫的效果。目前，大数据中心已完成600平方米硬件建设，正在开发软件数据管理系统。

扶贫信息服务平台，已建成黑龙江（明水）扶贫信息网，利用网络平台重点开展面向贫困村、贫困户的产业开发、就业服务、公益服务、便民服务、电商线上销售服务等综合服务功能。

物流配送体系，已购置12台箱式配送车，无偿为贫困村、贫困户销售农产品提供物流配送服务。

覆盖全县 57 个贫困村的服务网点，结合明水县农村淘宝服务站建设，已完成 30 个扶贫村级服务站建设。

长效运行机制，就是建立了农村淘宝服务站与扶贫服务站资源共享机制，农村淘宝的合伙人承担起扶贫服务站功能，通过一个服务站、一套设备、一个人员，开展为贫困户代销农产品、网上办事、公益便民等各项服务。同时，建立了市场化收益分配机制，农村淘宝合伙人通过为贫困户代销农产品收取适当的佣金，保证了贫困户的致富增收，又确保有一个稳步的服务队伍为贫困户提供服务。

### 2.1.2 新经济形态为贫困人群搭建创新创业平台

诺贝尔奖获得者舒尔茨说过，贫穷不是因为土地资源和产业落后，而是因为教育落后、信息闭塞造成劳动力素质低下。分析贫困人群特征，我们可以看到，除了因病致贫，信息和教育是其致贫的最主要因素，由于二者的障碍或缺失，使得贫困地区产业落后、脱离市场。习近平主席讲的"扶贫先扶智"，道理正是如此。

越是贫困的地方距离市场越远，贫困者们基本不能有效地对接市场，也无法纳入新的社会分工，更不能享受

图 4　新经济的新常态，平台经济、共享经济与微经济

技术革新带来的福祉。在此状态下，贫困人群的上升通道，唯有求学、打工、入伍等几种方式。这仅有的几种方式的共同点是，只有走出去，才有脱贫的希望。

以互联网为基础的新经济，解决了公平、包容和信息不对称瓶颈，为贫困者提供了全新的上升通道。新经济的常态是平台经济、共享经济和微经济。平台提供了社会服务的共享空间；共享使得商业基础设施可以为贫困者所用；从而释放出草根的创新力，使他们成为微经济的主体。贫困者们不用再东奔西走，通过互联网、通过电子商务就可以完成创新创业，摆脱贫困，走向富强。

## 案例  王小帮"进城"记

2006年春节,在北京打了6年工的王小帮和媳妇卷起铺盖,回到了阔别6年的家乡,位于吕梁山区的山西省临县木瓜坪乡张家沟。

王小帮曾经是一名"北漂"。从1999年开始,他先后做过农贸市场起早摸黑卖菜的小贩,当过建筑工地的小工,给中关村的白领送过盒饭,和城管打过游击战,跑过营销……他还在首都开过出租,遭遇过车匪持刀横在脖子上的抢劫;吃过老板拖欠工资、一夜起来不知去向的大亏。作为一个来自农村的打工者,想在城市站稳脚跟,撑起自己的一片天地并不是件容易的事。这些经历对于不善言谈、没有文凭和一技之长的王小帮来说,是刻骨铭心的痛。用王小帮自己的话说,"打工的日子活得没有尊严。"

王小帮离开北京前,用积攒的5000元钱,在中关村买了一台电脑。村里人看着这个铁壳子,误以为王小帮没有长进,但是王小帮有自己的打算,他在北京看到城里人都爱吃绿

图5  阿里巴巴纽约上市,王小帮与马云合影

豆、小米等杂粮，而这些正是他们家乡的特产，他买回电脑就是想开一家淘宝店，把村里的杂粮卖到城里去。2008年奥运会期间，王小帮的网上农家店正式开业。经过几年的经营，王小帮的店铺蒸蒸日上，不仅自家的杂粮都卖了出去，连村里的、乡里的杂粮也都被他卖到了城里。

为了解决老家临县发货难的问题，2010年，王小帮在太原租了一个仓库，将发货点设在了太原，定期将农产品从临县托运到太原发货。后来，他把客服也全部搬到了太原。从最初开网店的1个人、1台电脑，到如今的近30人的团队，"王小帮电子商务有限公司"也正式注册，王小帮开始走上了企业化经营的路线。2013年，小帮店铺的年销量已经突破了700万元。

2014年9月19日，王小帮作为阿里巴巴集团甄选的8位客户代表之一，参加了阿里巴巴在纽交所IPO的敲钟仪式。"敲钟人"的身份使得他回国之后名声大噪，成为各路媒体、各种会议的红人。

从一名"北漂"农民工，到吕梁山区里的农民淘宝卖家，再到太原城里一位青年农民创业者，王小帮的人生轨迹描绘了一位草根农民网商不断升级转型的发展历程。

### 案例 农村淘宝的"掌上名猪"活动

近两年农产品电商的火热，成就了一批具备一定见识、一定数字能力的农村创业者，如山西的王小帮、四川的赵海伶，还有众多被双创大潮所裹挟的普通农户，形成了各地的淘宝村。但是如何让更多不具备这些见识和能力的农户，尤其是贫困农户也联动起来，享受新经济的福利？这是一个大问题！阿里巴巴农村淘宝一直在思索，寻找着解决普惠农民的更有效的方法。

2015年10月12日－17日，农村淘宝在线上开展了"掌上名猪"活动。在国家级贫困县黑龙江明水和安徽舒城，以及省级贫困县江西进贤，当地的农村淘宝合伙人和服务商一道，发

图 6　参加"掌上名猪"活动的安徽舒城贫困农户

掘挑选使用土法养殖土猪的农户,然后帮助他们在线上发起预售。5 天的活动小试牛刀,共预售出了 1.1 万份猪肉,约合 500 多头生猪。

预售仅是活动的第一步,在接下来的 4 个月里,农村淘宝的合伙人,将帮助养殖农户一起,对这些幼猪进行溯源跟踪,实时将文字和图片信息反馈给消费者,一直到春节前进行宰杀,再通过快递发送出去。同时农村淘宝还会给这些幼猪购买商业保险,作为食品安全和幼猪意外死亡的履约保证。

通过平台汇集起消费者的农产品需求;通过遍布在 6000 多个乡村的农村淘宝合伙人链接起的 60 万个生产终端(按每村 100 户计算),共享这些农户的生产能力;再应用溯源、保险、物流等平台上的社会化服务能力,从而完成了这样一个农产品上行的闭环。贫困农户通过在这个商业循环中历练、成长,最终成为微经济的主体。

### 2.1.3　新服务体系改变贫困人群的思维方式及生活方式

互联网基础设施在农村地区迅速普及,尤其是各大互联网公司启动电商下乡战略以来,各种新型互联网服务纷纷落户农村,甚至贫困地区,网购、网销等商品服务,缴费、理财、订票等生活服务,远程医疗服务纷至沓来。贫困地区的人们开始享受到前所未有的实惠和便利。伴随着新型服务体系的落地,贫困地区的网络消费市场加速成长,互联网意识开始加速融入农村,这些将对农村的消费习惯、生活方式,甚至思维方式产生潜移默化的影响。

新型服务体系的落地,开始让贫困地区的人口享受城市般的生活,他们开始逐渐告别了假劣商品充斥的市场，动动手指就可以享受到与北上广相同的商品和价格。根据阿里研究院的数据，2014年我国农村网络消费总额约为1800亿元，预计2016年这一数字将攀升到4600亿元[①]。网络消费的普及有助于唤醒贫困地区人口的互联网意识。广东工业大学的一项研究表明[②]，有网络购物经验的农村居民对电商创业的认同程度较高，达到51.7%，其中86%的农村居民愿意选择全职或兼职从事电子商务。

新型服务体系也催生了形式多样的电子商务服务物种，这既包括本地化的电商服务企业，如淘宝网特色中国的服务商，也包括电商下乡所长出的服务个体，如代购员、农村淘宝合伙人等。这些服务物种背后，是大量外出年轻人的离城返乡，他们所带回的见识、意识，大大提升了本地乡民应用互联网的能力。

**【案例】村淘跨境促外需，贵州92岁老农庆生吃上意大利餐**

2015年4月15日，在西南贵州省深山之中的云舍村，三位金发碧眼的外籍大厨现场烹饪起意大利经典的牛排大餐。这一稀罕事吸引了全村人来围观看热闹，场景壮观。

原来这一天是贵州铜仁江口县云舍村土家族92岁村民杨初学的生日。此前儿媳妇曾金钗为了给自己公公过寿，想送一份他从未吃过的意大利餐给他一份惊喜。当她提前在村里的农村淘宝服务站下了订单后，商家随即派送意大利套餐和专业西餐厨师来到村里。当地的村淘站负责人笑言"农村淘宝跨境第一单诞生了"。

2014年10月阿里巴巴实施"千县万村"战略以来，云舍村也开通了农村淘宝服务站，哪怕在深山里也可以直接连通全世界。

曾金钗在下单后两天见到新鲜进口食材和洋厨师之后，不禁心生感慨。如同小臂长度的波士顿大龙虾、世界厨王争霸赛的"御用"牛肉，正宗新鲜自然不用多言，单讲在一旁看着意大

---

① 阿里研究院：《农村消费研究报告（2015）》。
② 广东工业大学：《互联网+视角下的广东农村电子商务发展模式调查分析》http://gdutnews.gdut.edu.cn/content.aspx?id=1006

图 7　为贵州村民上门做意大利餐的大厨

利餐的大厨亲手操刀就是充满刺激的新鲜事。

生平第一次品尝安格斯牛排，第一次品尝现烤意大利披萨，杨初学老人无法掩饰惊喜和激动，不住啧啧称奇："牛肉还能做出这个味啊！""这个肉饼还能拉丝？馅居然还是放在饼外面的！"围观的村民看后连连感慨，直言自己也应该下单尝个新鲜。

其实，农村淘宝上发生的轰动事件远不止"村民订制意大利餐"。2014年"双十二"，就有村民通过村淘买下了2吨肥皂；2015年4月福建尤溪县下川村为村里的小公园购买了3个凉亭，商家负责上门安装，总共才花了4万元；2015年6月初，黑龙江明水县村民田苗苗通过村淘服务站成交了一辆价值22万元的本田雅阁，实现了自己的"汽车梦"。

## 2.2　电商消贫的概念和内涵

电商消贫，即通过建设和安装新型基础设施，培育和培养电商生态和电商意识，建立本地化的电子商务服务体系，从而促进贫困人群利用互联网技术和手段开展创新与创业，提高信息化服务水平，最终改变贫困人群的生产和生活方式，实现脱贫致富。

新型基础设施主要指互联网（包括物联网、移动互联网），云计算和大数据，各种智能终端等。电商生态包括贫困地区的各类电商从业人员、各类从事电商经营的传统企业，各种第三方服务商、各类落地平台，以及电子商务的行业管理人员等。电子商务服务体系包括交易、支付、物流、溯源、认证，以及代运营、店铺装修、数据分析等各类电商服务。

在电商消贫中，电子商务是一个最基础的场景，它提供了变现的手段，在此基础上，还可延伸出电商＋旅游消贫、电商＋金融消贫等多种形式。有了电子商务先行，未来还可以带动电子政务等其他信息化应用。

电商消贫依托于产业消贫，同时又大于产业消贫。电商消贫不仅解决了产业发展问题，而且在生态营造、意识提升、制度建设等方面也能发挥作用。

## 2.3 电商消贫的特征和意义

### 2.3.1 注重市场逻辑，帮扶贫困人群自立自强

过去在消贫工作中存在三种逻辑。第一种是公益逻辑，强调的是良知、善举，对企业来讲，强调的是社会责任，因地制宜，类似各种 NGO 组织在做的事情。

第二种是政府逻辑，政府按照自己的执政目标，通过财政转移支付的方式，来处理和解决先富后富的问题。

第三种是市场逻辑，强调资源的优化配置，强调配置的效果，强调利益的补偿，用市场化的方式来实现，强调增加利润。

三种逻辑中，电商消贫更加注重市场逻辑的规则，以市场化的方式赋能。只有这样，才能使帮扶对象自立自强，真正脱贫。

## 案例  马云"以公益的心态，商业的手法做扶贫"

2015年11月3日，阿里巴巴集团与河北省人民政府在石家庄签署了"互联网+扶贫"合作备忘录。双方商定，将充分发挥阿里巴巴集团在互联网经济领域的立体化产业发展优势和影响力，在"互联网+扶贫"领域开展深入合作，实现优势互补、共同发展。

马云表达了自己对于"电商消贫"的理解，"扶贫如何走出一条公益和商业结合的路子，我们一直讲公益的心态，商业的手法，不能倒过来。我们希望在河北走出一条独特的扶贫之路，云的技术、智能物流，加上电子商务，我们能够把河北的贫困地区提升到一个新的水平，形成新的业态、新的思考。"

### 2.3.2 强调营造渔场，培育贫困地区电商生态

授人以鱼：资金支持
授人以渔：技术赋能
营造渔场：建设生态

图8　从授人以鱼到授人以渔，再到营造渔场

过去在消贫工作中也存在两种方式，一种是授人以鱼，直接给贫困地区财物捐赠。在面对巨大、突发的自然灾害时，这个手段最为直接，效果也最快，如在汶川大地震后的灾区重建。在建国初期，面对巨大的绝对贫困人口，在短时间内要改变他们的生存状况，采用的也主要是这种方式，也就是常说的救济式扶贫。2010~2012年，中国对外援助893.4亿元[①]，主要是无偿援助、无息贷款和优惠贷款三种方式，也是授人以鱼的方式。

第二种是授人以渔，即赋予贫困者技术或产业能力，发展生产，致富增收。这种方式在我国改革开放以来的各类产业扶贫中最为常见。授人以渔无疑比授人以鱼进了一步，它提供了使贫困者持续增收的技能，也确实让一部分人先富了起来，但是在那些自然资源疲乏、环境更为恶劣、基础设施更加缺失的贫困地区，单纯的授之以渔，收效并不大。

---

① 《中国的对外援助（2014）白皮书》（全文）http://www.fmprc.gov.cn/ce/cohk/chn/xwdt/jzzh/t1173111.htm

电商消贫不仅强调"授人以渔"的技术赋能，而且注重"营造渔场"，更加注重对贫困地区的生态培育和建设，为贫困者创业营造高效便捷的发展环境，使贫困地区获得自我发展的能力。从许多通过电商成功脱贫的县域可以看到，电商消贫不仅要赋予贫困地区电子商务的销售能力，帮助其把农土特产品销售出去，提高其收入；还要赋予贫困地区电子商务的消费能力，使其购买到价廉物美的消费品，享受到便利快捷的服务，从而变相提高其购买力，增强其幸福感。电商消贫不但要为贫困地区建设新型的基础设施（如宽带、物流等），还要为贫困地区营造电子商务发展的生态体系，使贫困人群能够通过电子商务完成创业，并且在走进市场参与竞争后，依然可以生存并继续成长下去。

## 案例 电商消贫的青川实践

阿里巴巴在农村贫困地区的电商赋能实践，始于2009年对四川省青川县的震后援建。阿里巴巴援建青川的核心思路就是用商业模式扶持灾区经济发展，不仅要帮助青川人民重建家园，还要通过信息化赋能，使他们具备致富脱贫的能力。

阿里巴巴对于青川电商生态早期的培育，主要做了如下工作：

第一，从2009年7月开始，组织员工志愿者来到青川，进行电子商务的普及工作。这项命名为"乐橙计划"的赋能项目一直延续至今，累计48期，超过500名乐橙志愿者来到了青川。

第二，2009年8月，阿里巴巴在青川设立农村信息化推进中心，建立7人的专职团队"阿里之家"，对青川本地农民进行电子商务知识、电脑知识、网络创业等相关培训。2010年仅在乔庄镇就举行培训157人次，在骑马乡、茶坝乡、三锅乡等偏远乡镇，组织培训300人次。

第三，2010年4月，在阿里巴巴集团的推动下，申通物流青川分公司正式营业，标志着制约青川电子商务发展的物流瓶颈，得到了质的改善。至2012年底，青川县的物流企业数量已经达到6家。

第四，阿里巴巴还利用旗下的电子商务平台帮助青川发展电子商务。2009年11月，阿里巴巴中文网站青川频道上线；2010年12月，淘宝网青川页面上线；2011年1月淘宝网组织青川网商抱团参加两次聚划算活动，共实现了近150万元的销售额；淘宝网特色中国青川馆也于2015年初正式上线。

第一个7年援建下来，青川涌现出了赵海伶、王淑娟等一批优秀网商，青川农产品电商的销售额超过千万元。来自大山深处的木耳、香菇等山货通过淘宝进入市场，端上千家万户的餐桌，青川灾民通过产业重建，彻底脱贫。

### 2.3.3 实现六个精准，解决中国三农未解难题

长期以来，我国的扶贫开发一直处于粗放发展阶段，低质、低效问题普遍存在，同时不少扶贫项目"大水漫灌"，针对性不强。2013年10月，习近平主席在湖南湘西考察时，首次提出了"精准扶贫"概念，同时提出了六个精准，即扶持对象精准、项目安排精准、资金使用精准、措施到户精准、因村派人精准、脱贫成效精准，确保各项政策好处落到扶贫对象身上。

"三农"问题自20世纪90年代开始被各界提及，新世纪后被列为"全党工作的重中之重"，中央一号文件更是连续12年聚焦"三农"。"三农"问题的核心是"农民增收、农业增长和农村稳定"，是农业文明向工业文明、信息文明过渡的必然要求。我国的7000多万贫困人口大部分居住在农村，从根本上解决三农问题，成为2020年消除贫困目标的关键。

随着互联网基础设施的广泛安装，电子商务、大数据等新型手段，开始在消贫工作中广泛应用，这不仅为实现消贫工作中的六个精准创造了条件，而且对我国的"三农"难题，即实现农民增收、农业增长和农村稳定，也提供了一条新出路。

**案例 芝麻信用助力精准扶贫**

民政部社会救助司每年会下拨中央财政约2000多亿元，用于全国7000万低保、医疗救助

对象。2015年通过与蚂蚁金服公司下属的"芝麻信用"合作，建设救助资金管理系统，在方便查询、管理的同时，也探索出了一条落实精准扶贫的新方法。

第一，利用互联网大数据认定救助对象。过去认定救助对象，采取的是入户调查、邻里访问、社区评议等方式，这些方式很难判断谁是真正的穷人。开通互联网大数据后，除了政府、金融机构信息共享外，根据救助对象以往在互联网金融、电子商务等平台上的记录，如理财、购物、打车、餐饮、娱乐等信息，利用大数据的方法进行"画像"，可以实现对救助申请人及其家庭经济状况的综合评估，从而准确认定救助对象。

第二，将财产申报制度和信用体系相结合，建立"我信任你"个人信用电子档案，降低行政成本。与申报后上门核查相比，行政成本大为降低。把财产申报与信用体系，如芝麻信用挂钩，不实申报者就要掂量掂量，因为这将直接影响他的"芝麻信用分"（芝麻信用分可以用来订票、订房、租车、办理签证等等），从而降低了不实申报的发生。

另外，对于救助对象未来脱贫的效果，也可以通过大数据画像进行跟踪，做到成效精准。

## 案例 沙集模式解决三农未解难题

江苏省睢宁县是省级贫困县，从2006年起，在该县沙集镇东风村，三个回乡青年开始加工并利用网络销售板式家具产业，点燃了沙集家具产业的燎原之火，三个青年的致富模式快速实现规模复制获得成功，并在周边的乡镇扩展开来。至2014年整个睢宁县的网络销售额已达到近50亿元，成为睢宁县城经济的重要组成部分。

阿里巴巴从2010年就开始关注沙集，我们看到沙集模式经历了3个阶段。

1. 沙集模式1.0：信息化带动工业化。2006~2010年，是沙集模式发展的第一阶段，其核心是信息化带动工业化。这一阶段逐渐形成了"农户＋网络＋公司"的组织模式，我们看到沙集由在传统经济下"资源驱动"格局里的被动，变成了信息经济下"市场驱动"格局里的主动。通过"互联网＋"赋能的大众创业、万众创新是这一阶段的原动力，村民借此致富脱贫。

2. 沙集模式 2.0：网销业拉动服务业。2011～2014 年，是沙集模式发展的第二阶段，其核心是网销业带动服务业。这一阶段形成了"生产商 + 服务商 + 运营商"的产业链条，我们看到在网销业的拉动下，电商服务业、生产型服务业的迅速发展，沙集的产业结构得到升级，进而整个电商服务体系得到完善，最终驱动沙集经济发展。

3. 沙集模式 3.0：服务升级促进新型城镇化。从 2014 年起，沙集模式的发展进入第三阶段，核心是新型城镇化的发展。由电子商务引发的农民返乡创业和就近就业，为农民的就地城镇化提供了可能。事实也是如此，产业，尤其是服务业的发展带来了人的聚集，进而倒逼沙集镇生活服务和公共服务的升级，这两个服务的升级也将成为下一阶段沙集发展的全新动力。

沙集模式发展的三个阶段，分别实现了精准扶贫、产业升级和新型城镇化，这其实背后对应了我国"三农"问题的核心，即农民增收、农业增长和农村稳定。虽然沙集产业的发展尚没有触及农业，但是如果将沙集经验运用到农业服务体系建设上，也同样会产生良好的发展效果。这在浙江遂昌、临安白牛村，均得到了很好的实践验证。

## 2.4 我国电商消贫的进展与成就

一 电商消贫纳入各级政府工作体系

近些年来，随着农村电商热潮在全国的兴起，各地涌现出了众多的电商消贫样本。在甘肃陇南、江西赣州、贵州铜仁等地甚至涌现出了电商消贫的群体样板，同时，借助互联网工具和电商平台，也创新出了旅游消贫（如云南省元阳县）、金融消贫等多种形式。

"2015 年 1 月，国务院扶贫办将陇南市列为全国首个电商扶贫试点市，5 月初，陇南市正式启动电商扶贫试点工作，在 9 县区 1365 个建档立卡村中选择确定 450 个贫困村开展电商扶贫工作。同时，国务院扶贫办将电子商务纳入扶贫开发工作体系当中，并将电商扶贫作为 2015 年十大精准扶贫工程之一。通过开展电商扶贫，贫困人口纯收入人均增加 240 元以上。10 月 16 日，因为大力发展"电商扶贫"，甘肃省陇南市扶贫办获得中国消除贫困奖创新奖。

各个电商平台也纷纷将扶贫消贫纳入主要工作计划。2015年9月苏宁云商启动"电商扶贫双百示范行动",未来三年将在100个适合发展农村电商的贫困县建设100家店,包含苏宁易购直营店、服务站;并相应在苏宁易购上线100家"地方特色馆",促进农副产品、民族手工艺品、旅游产品等上网、进城。2015年11月,阿里巴巴集团与河北省人民政府签署"互联网+扶贫"合作备忘录。双方商定,将充分发挥阿里巴巴集团在互联网经济领域的立体化产业发展优势和影响力,在"互联网+扶贫"领域开展深入合作,实现优势互补、共同发展。

### 案例 电商+旅游消贫的元阳案例

云南省元阳县是一个集边疆、民族、山区、贫困四位一体的国家级扶贫开发工作重点县。以哈尼族、彝族等少数民族为主,少数民族占全县人口的88%,农业人口占95%,全县45万中贫困人口有16万。

经过分析,元阳县的主要财政收入来源于旅游。旅游搞好了,就会带动相关产业和整个经济发展,农民增收受益才会脱贫。于是元阳县就确定了以旅游为突破口,结合农产品电商发展

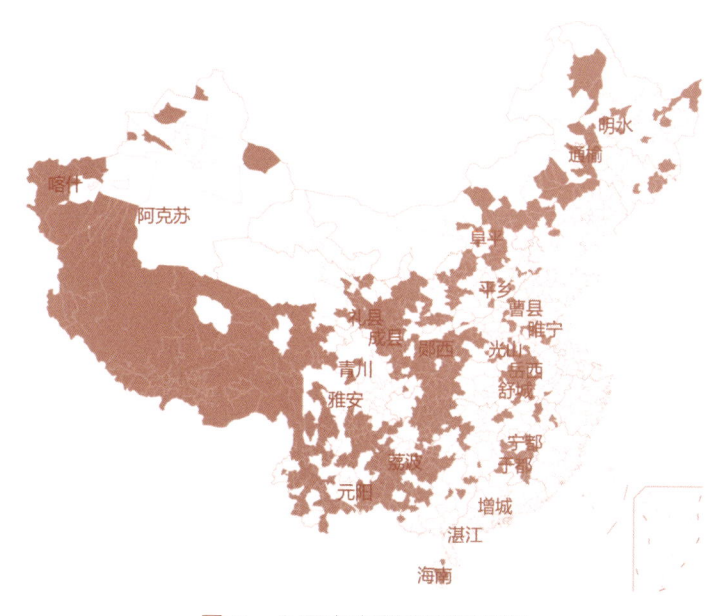

图 9　全国电商消贫实践地图

的脱贫之路。

元阳县开发了哈尼梯田智慧旅游一站式服务系统，游客可以通过互联网系统获得权威的旅游信息、旅游产品及相关服务，实现了旅游的精准营销。旅游电商带动了元阳县旅游服务质量不断提高，哈尼梯田的旅游内容也进一步丰富，形成了"观哈尼梯田、逛哈尼小镇、赏哈尼歌舞、吃哈尼长街宴、品哈尼风味、住哈尼蘑菇房、购民族饰品"的乡村民族文化体验式旅游特色。

2014年，元阳县共接待国内外游客125.26万人次，实现旅游总收入17.59亿元。在2015年春节黄金周期间，元阳哈尼梯田旅游更加火爆，共接待国内外游客7.5万人次，旅游总收入4846.11万元。

电商旅游的成功，还带动了众筹模式的实践，元阳县通过梯田认养众筹模式实现土地流转2520亩，可以创造经济效益5亿元。同时元阳的农产品电商也从无到有，网上开店数已达120个，梯田红米销售额突破3000万元，云雾茶和普洱茶销售额达500万元，牛肉干和百合粉等几个农产品销售额也超过百万元。

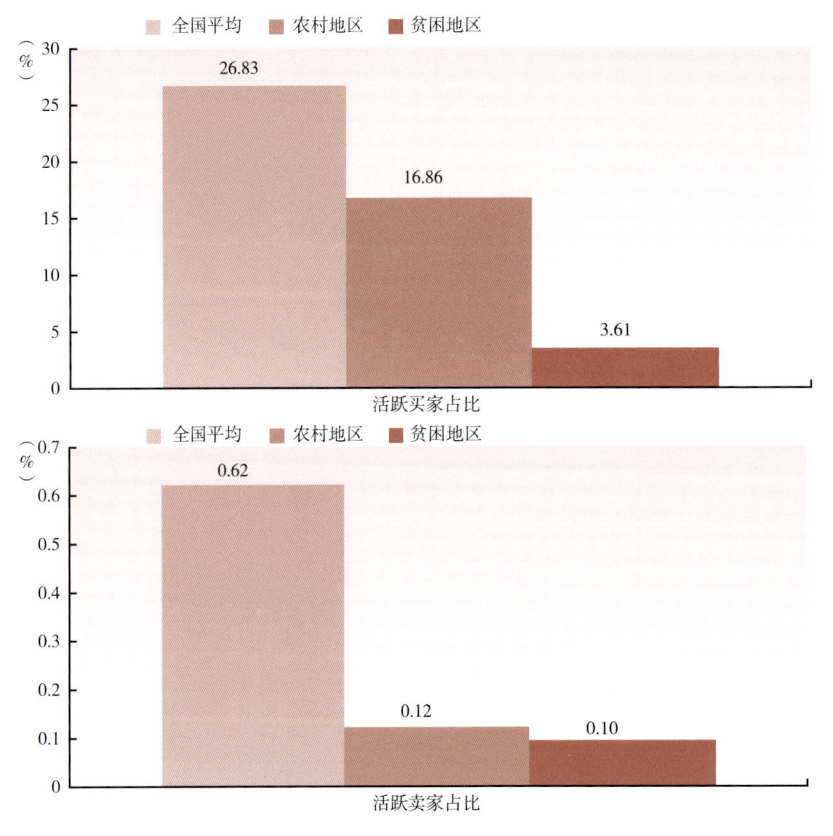

图10 贫困地区电商应用落后于全国与农村的平均水平

二 电商消贫依然具有较大提升空间

尽管星星之火已经点燃,但是目前我国贫困人群应用电子商务的水平依然较低,应用电商平台开展网店经营的能力,更是低于全国乃至农村地区的平均水平,贫困地区的电商消贫工作正处于快速成长期,还有很大的发展空间。

根据阿里巴巴集团财报、CNNIC中国互联网统计报告和阿里研究院相关数据,我们可以看到,在电子商务应用方面,全国的平均水平是26.83%,农村是16.86%。而在贫困人群中,以河北省为例,将其196.30万贫困户户主信息比对,可以看到,至2015年9月底,其在阿里零售平台上活跃买家有7.09万元,占比仅为3.61%,远低于全国及农村的平均水平。

再看应用电子商务开店创业的情况。根据相关报告,阿里零售平台上共有860万个活跃卖家,在全国人口占比是0.62%;农村活跃卖家在农村人口占比是0.12%。而至2015年9月底,河北省196.30万贫困户中成为阿里零售平台上活跃卖家的有1885家,占比仅为0.10%。

# 3

## 阿里巴巴电商消贫的
## 实践和成果

## 3.1 阿里巴巴电商消贫的历程

阿里巴巴在农村贫困地区的电商赋能实践，最早始于 2009 年，"5·12"大地震后对四川省青川县的震后援建[①]。阿里巴巴对青川援建的核心思路，就是用商业模式创新扶持灾区经济发展，不仅要帮助青川人民重建家园，更要通过电商赋能，使他们具备致富脱贫的能力。如今青川的赋能消贫已经到了第一个 7 年，青川涌现出了赵海伶、王淑娟等一批优秀网商，青川的电商生态日渐完善，快递企业从无到有，各类公益和市场主体不断向青川涌入，淘宝特色馆、农村淘宝也相继开业，青川通过电商每年卖出的木耳、蜂蜜等山货超过千万元。

电子商务对农村贫困地区的赋能脱贫作用，我们在江苏省睢宁县沙集镇[②]和浙江省遂昌县[③]，这两个省级贫困县看到了更加令人兴奋的案例。在沙集，我们看到市场力量推动草根的崛起，大众创业、万众创新，从无到有形成了一个年销售额超过 40 亿元的家具网销产业；在遂昌我们看到通过驱动本地化电商服务商的发展，为非标准化的特色的小农业，开辟了一条对接电商大市场，助力县域经济发展的道路。

在沙集的消贫实践中，我们看到的是市场的力量，是草根网商的野蛮成长；在青川，我们看到的是平台的推动，从培训到营销，帮助灾区人民电商赋能；在遂昌，我们则看到了政府的有为服务，从硬件投入到政策制定，为本地网商和服务商发展提供支持。从青川到沙集，再到

图 11　阿里巴巴电商消贫的实践历程

---

[①]　阿里研究院：《青川震后援建及电商调研报告》，http://www.aliresearch.com/blog/article/detail/id/12858.html
[②]　阿里研究院：《沙集模式调研报告》，http://www.aliresearch.com/blog/article/detail/id/12860.html
[③]　阿里研究院：《遂昌模式研究报告》，http://www.aliresearch.com/?m-cms-q-view-id-75620.html

遂昌，电商消贫实践经历了一个从市场自发到平台、政府自觉的过程，阿里巴巴关于电子商务对于农村贫困地区赋能消贫的工作脉络逐渐清晰，即从"授人以渔"的技术赋能入手，进而发展到"营造渔场"，帮助当地建立和完善健康的电商发展生态的体系。

2014年10月，阿里巴巴发布了农村战略，提出了"服务农民，创新农业，让农村变美好"的目标，计划在接下来的3~5年，拿出100亿元投入1000个县的10万个行政村，用于当地电子商务服务体系的建设。围绕农村战略，阿里巴巴推出的"农村淘宝"模式，成为当前电商平台下乡的主流模式，其核心思路是：通过O2O的方式，在县城建立县级电子商务运营中心、在农村建立村级服务站，构筑"县-村"两级的农村电子商务服务体系，一方面打通"消费品下乡"的信息流和物流通道，另一方面探索"农产品上行"渠道，最终形成面向农民的互联网生态服务中心。农村贫困地区正是农村淘宝业务的重中之重。

这是阿里巴巴第一次对一个独立群体（贫困地区的农民），全方位地在资源上倾斜和扶持。在农村淘宝的模式中，平台力量和政府力量开始形成合力，共同激发、扶持市场的力量，从而在最短时间内开创电商扶贫的全新局面，在江西赣州、贵州铜仁、甘肃陇南，随着农村淘宝项目的落地，当地的电商生态开始孕育发展，价廉物美的消费品进入了乡村，优质土特产品也开始走出大山。

## 案例 电商消贫的于都实践

江西省于都县是红军长征的起点，也是阿里巴巴"农村淘宝"项目在中西部贫困地区落脚的第一个县。阿里平台和于都县政府共同推进，双方合力产生出巨大力量。在28天内就建成了农村电子商务县级运营中心和数十个村级服务站，帮助当地村民开展代购代销服务。农村淘宝在于都的电商消贫实践，走出了一条通过培育电商生态发展，进而促进老区农民"节支-创收-增值"的消贫开发的新路子。

第一，着力开展各级电商培训。采取政府购买服务方式，实行"引智"工程。针对差异化的知识需求，邀请淘宝大学的电商培训教师，分别对贫困户、电商经营者、农家店主等多重主体实施"订单式"培训，提升电商从业水平。同时，在县职业中专开设电子商务专业，加强对本土电商人才的培育。目前已培训 2 万余人次，其中各级领导干部 3 千余人次，企业主及合伙人 1.7 万余人次。

第二，抓住"工业品下行、助农节支"主线。紧盯买难，突破交通限制，打通物流渠道，整合附近农民购物需求，批量团购生活用品、生产物资、家用电器等，让农民享受购物优惠，购物支出节约 25% 左右。网购不仅让农民节省了往返圩镇的交通、就餐等费用，还使农民腾出了更多时间发展生产，达到了"省时、省钱、省心"的效果。

第三，抓住"农产品上行、助农创收"主线。破题卖难，打破时间空间隔阂，采取"农民 + 合作社 + 村淘点"等模式，加强对于都脐橙、梓山酱油、盘古龙珠茶、珍珠粉等特色农产品包装与营销，促进了农产品品牌化、农业产业规模化，提升了农产品附加值，带来"提质、提速、提效"的效果。据统计，2015 年 1-5 月，于都县农产品网上销售额达到 1.4 亿元。

接下来，农村淘宝还将结合于都特点，开发红色旅游、贷款理财、远程医疗等服务，让农民在乡村就可以享受到更好的公共服务。

## 3.2 阿里巴巴电商消贫的"双核 +N"体系

在具体的实践中，阿里巴巴的电商消贫工作逐渐形成了"双核 +N"的战略体系，其中以市场为主要推动力量的"淘宝村"和以"政府 + 平台"为主要推动力量的"农村淘宝"构成了双核，阿里平台上诸多的涉农业务，如提供商品服务的"特色中国、淘宝农业、喵鲜生、产业带"，提供生活服务的"阿里旅行、阿里健康、支付宝"，提供生产服务的"淘宝农资、满天星"，提供生态建设的"淘宝大学、电商扶贫讲习所"，提供电商基础设施的"蚂蚁金服、菜鸟物流、云计算"等，围绕双核，共同构成了阿里巴巴"双核 + N"的电商消贫战略体系。

根据阿里研究院的定义，淘宝村[①]就是大量网商在农村聚集，以淘宝为主要交易平台，形成的规模化、协同化的电子商务生态现象。淘宝村的主要判定标准是网商数量达到当地家庭户数的10%以上，且电子商务交易规模达到1000万元以上。截至2014年12月，全国已发现各种类型的淘宝村212个，分布在福建、广东、河北等10个省市，其中在国家级贫困县河北省平乡县、曲阳县，湖北省郧西县也出现了4个淘宝村。这212个淘宝村拥有活跃卖家数量超过7万家，带来直接就业达28万人以上。淘宝村的核心是"大众创业、万众创新"，推动力是市场激发出的草根创新力。阿里研究院于2012年提出淘宝村概念，从2013年开始每年召开全国淘宝村论坛，2015年组建淘宝村联盟，这些都助燃了这一农村电商的星星之火，使淘宝村迅速从东部向中西部蔓延，数量呈几何式增长。

阿里巴巴2014年10月推出的"农村淘宝"模式，是阿里巴巴电商消贫战略的另外一核。"政府＋平台"成为农村电商发展的主要推动力，其核心是建设立足农村的电子商务服务体系，培育电商生态，完善电商基础设施，推动贫困群众对接电子商务，助其增收节支，进而改变其生产和生活方式，使贫困地区的广大农民从物质层面和精神层面双双脱贫。

先期成长起来的"淘宝村"，通过市场力量建立的电子商务服务体系，可以帮助"农村淘宝"为村民提供更多的服务；而依托"农村淘宝"培育和建立的电商生态和基础设施，未来在

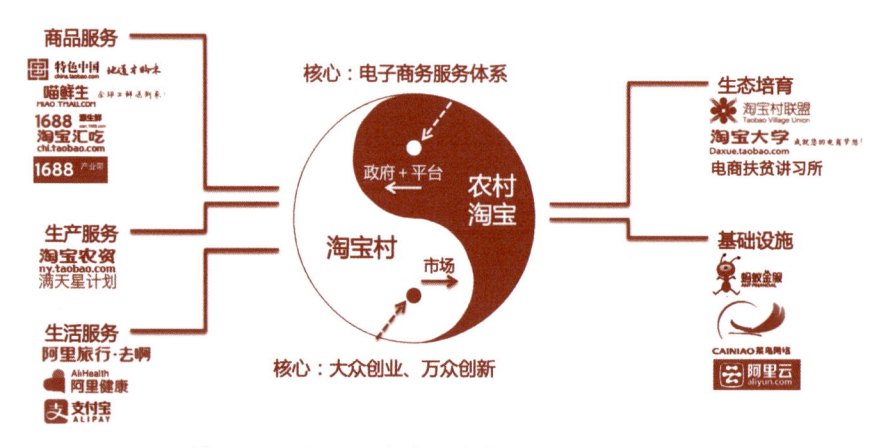

图12 阿里巴巴电商消贫的"双核+N"体系

---

① 阿里研究院：《淘宝村研究微报告2.0》，http://www.aliresearch.com/?m-cms-q-view-id-75840.html

贫困地区也可以长出更多的"淘宝村";同时农村淘宝还为各项涉农业务提供了落地的通道。最终形成"双核互动互促，N 项业务合力服务"的电商消贫战略体系。

## 3.3 阿里巴巴电商消贫的三个层面

阿里巴巴电商消贫战略的落地具有三个层面。第一个层面是通过给贫困地区带来便捷实惠的商品和生活服务，让他们充分享受信息社会带来的福利。"农村淘宝"以 O2O 的方式，在县城建立县级运营中心、在乡村建立村级服务站，构筑"县-村"两级的农村电子商务服务体系，一方面打通"消费品下乡"的信息流和物流通道，另一方面探索"农产品上行"渠道，最终形成面向农民的互联网生态服务中心。

截至 2015 年 9 月底，农村淘宝已经在 22 个省 147 个县落地，其中包括 31 个国家级贫困县和 42 个省级贫困县，建立起了 5870 个村级服务站。以这些村级服务站为主要节点，除了消费品下乡和农产品进城的双向商品服务外，依托各涉农业务，阿里还在农村地区展开了众多生活服务的创新实践。通过与当地的铁通、联通、电信等运营商合作，为村民提供充值、上网等服务；通过与"去啊平台"（阿里旅行）合作，为村民提供预定火车、机票、宾馆等服务；通过与支付宝合作，给村淘合伙人授信，为村民提供生活缴费、小额取款等服务。未来依托阿里健康平台，还会为村民提供挂号、取药、远程诊断等服务。

阿里巴巴电商消贫战略落地的第二个层面，是为农村经济、社会提供可持续发展的生态支撑。截至 2014 年底，在全国 10 个省市涌现出的 212 个淘宝村，正是得益于当地自发形成的有效的电商生态支撑。农村淘宝项目便是要在更多的省市、乡村，建立起这样的生态支撑体系，使其由自发变为自觉，从而让更多的农村发展起特色电商产业，带动传统产业转型，促进农民收入提高，实现农村生活稳定。

配合农村淘宝，淘宝大学半年来已成功开办 31 期县长电商研修班，覆盖全国 25 个省区 424 个县，培训县级领导干部 1174 人。淘宝大学在全国还培养了 100 个人才服务商，可以协助县域传统企业转型、电商创业和创新等。农村淘宝在 2015 年 5 月也启动了"2.0 模式",合作伙伴从非专业化的小卖部,转变成为专业化的"农村淘宝合伙人"。农村淘宝合伙人瞄准那些思维灵活、有较强服务和宣传意识、熟悉互联网和网购的当地人,尤其是返乡青年。此举对于提升农村电商生态的健康发展、推动农村创业就业具有积极意义。据统计,目前农村淘宝的 5870 名合伙人,他们的月均收入为 2000~3000 元,最高达到 1.6 万元。在一些中西部县域的招考中,出现了 50∶1 的国考标准,大批的年轻人开始返乡从"商"。农村淘宝计划在未来发展 20 万名合伙人,他们无疑将成为农村电商生态的最重要角色。

阿里巴巴电商消贫战略落地的第三个层面,是帮助农村建立起,包括交易、物流、支付、金融、云计算、数据等在内的电商基础设施。未来各类经营主体、各种创业者,都可以借助这些基础设施,在农村广阔的天地里大展身手,为农村、农民带来更丰富、更新颖的信息化服务。

农村淘宝和第三方物流合作,通过补贴等手段,打通乡村物流通道;菜鸟网络搭建起"大家电配送网络",覆盖全国 95% 的区县、在 50 万个村可送货入村;满天星项目在全国签署了 16 个县,进行优质农产品溯源工作;蚂蚁金服连接了 2300 多家农村金融机构,服务了 200 多万农村电商以及数量庞大的农村支付宝用户,已为 18 万家农村小微企业提供了经营性贷款,累计放贷 300 亿元。云计算也在探索农业云的应用和开发,为将来的精细农业、科技农业提供基础服务。

## 案例 阿克苏电商培育项目

阿克苏市是杭州市的对口援疆地区,具有相对完备的基础设施,杭州市援疆指挥部希望引入电子商务来帮助边疆各族人民脱贫致富。

援疆指挥部通过政府花钱买服务的形式,从杭州聘请了服务商专业培训师,2014 年 4-8 月先后举办了四期电商培训,累计 600 人次受益,其中,维吾尔族占 20%,培训后效果初显,60

多位受训学员在淘宝开设了网店。同年 11-12 月，援疆指挥部又执行了"蒲公英计划"，选派 30 名从事电商的骨干人才，到杭州的电商产业园进行为期 1 个月的实训。恰逢"双 11"和"双 12"电商购物节，杭州网商们热火朝天的工作场景，深深打动了新疆的小伙伴们，大大丰富了他们对电商的理解。他们回到新疆后掀起了新的发展热潮。援疆指挥部为这两项计划共投入资金约 100 万元。

尝到了电商消贫的甜头，2015 年，杭州援疆指挥部又投入 500 万元，用于资助阿克苏电商示范先行骨干企业，电商培训设施建设，组织当地电商培训，以及选派学员赴杭州实训等。他们不仅组织编写了维汉双语的培训教材，还从乌鲁木齐请来维吾尔族电商用维语授课，希望带动更多的少数民族农牧民加入发展电子商务的行动中来。

## 3.4 阿里巴巴电商消贫的成果

### 3.4.1 阿里平台帮助贫困地区消费节支

2014 年 832 个国家级贫困县在阿里零售平台上，共完成消费 1009.05 亿元，同比增长 59.84%。根据我们在农村基层的调研，网上购买的商品比农村线下价格平均低 20% 左右，如

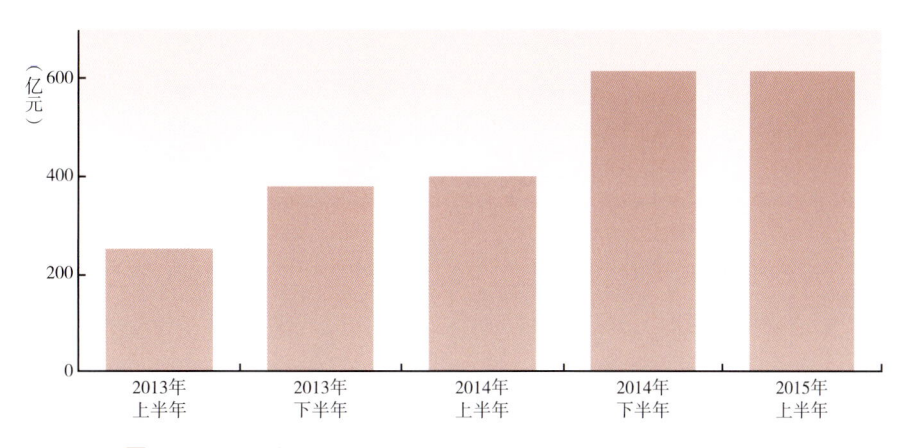

图 13　2014 年阿里零售平台上 832 个国家级贫困县买入额

在黑龙江省明水县是 20%，江西省于都县是 25%，因此阿里零售平台上的电商消费，为贫困地区节约支出超过 200 亿元。

| 表 1　2014 年在阿里零售平台上国家级贫困县消费前 10 名 ||||||
|---|---|---|---|---|
| 省 | 市 | 县 | 买 入 | 社零总额占比 |
| 重　庆 | 市辖区 | 万州区 | 16.10 亿 | 6.40% |
| 西　藏 | 拉萨市 | 城关区 | 10.92 亿 | 23.31% |
| 湖　北 | 恩施州 | 恩施市 | 10.41 亿 | 12.64% |
| 贵　州 | 安顺市 | 西秀区 | 8.98 亿 | 18.10% |
| 陕　西 | 安康市 | 汉滨区 | 7.52 亿 | 8.40% |
| 四　川 | 广安市 | 广安区 | 6.32 亿 | 8.39% |
| 四　川 | 巴中市 | 巴州区 | 6.17 亿 | 9.18% |
| 安　徽 | 六安市 | 裕安区 | 6.12 亿 | 10.97% |
| 云　南 | 昭通市 | 昭阳区 | 6.05 亿 | 8.80% |
| 重　庆 | 重庆市 | 开　县 | 5.99 亿 | 6.78% |

一些互联网基础设施较好的贫困地区，通过电商释放出了可观的消费需求。表 1 是 2014 年 832 个国家级贫困县在阿里零售平台上消费的前 10 名县域，我们看到拉萨市的城关区，其电商消费占社会消费品零售总额之比，已经达到了 23.31%，安顺市的西秀区和恩施市也分别达到了 18.10% 和 12.64%，均超过全国 10.6% 的平均水平。

除了生活资料，阿里巴巴的农村淘宝项目还把农业生产资料作为主要着力点，希望帮助农民，尤其是贫困地区的农民，买到优质低价的农资产品，最终形成服务智慧农业的闭合链条。

农村淘宝将通过数据沉淀和溯源为农民带来值得信赖的农资产品。目前农村淘宝引入的化肥企业已经开始在一些区域试点，根据地理位置、土壤条件、作物特征等进行测土配肥，对土地实现精准施肥；已经引入的农药企业，可以为农户提供作物整个生长周期的全程解决方案，掌握用药数据；通过融资租赁方式直达农民的大型农机具，在作业的同时收集耕作数据。农村淘宝平台上的大数据通过多种手段，实现农业生产的数据沉淀，建立溯源的数据基础，从而建立消费信任。

在阿里平台上建立起来的新型服务体系，帮助贫困地区的网络消费市场加速成长，促进互联网意识融入农村，最终改变农民的生产和生活方式。

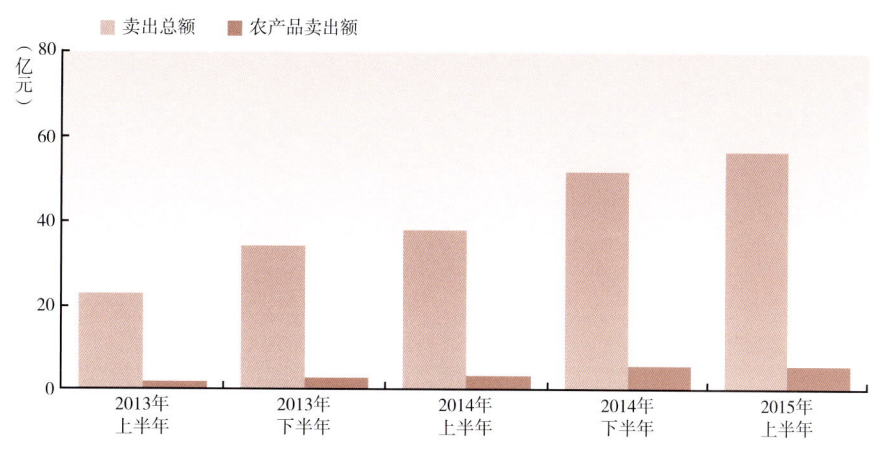

图 14  2014 年阿里零售平台上 832 个国家级贫困县的卖出额

### 3.4.2 阿里平台帮助贫困地区变现增收

2014 年 832 个国家级贫困县在阿里零售平台上，完成销售 119.30 亿元，同比增长 57.01%，其中农产品 11.80 亿元。一些贫困地区依靠传统产业线上转型，焕发出新的生机；一些贫困地区依托本地资源，将土特产品卖到全国；更有一些贫困地区把握市场需求，根据需求找资源、促生产，实现了增收脱贫。

表 2  2014 年在阿里零售平台上国家级贫困县销售前 10 名（创富榜）

| 省 | 市 | 县 | 卖出 | 主要产品 |
| --- | --- | --- | --- | --- |
| 河南 | 南阳市 | 镇平县 | 7.77 亿 | 玉石 |
| 河北 | 邢台市 | 平乡县 | 5.63 亿 | 童车、自行车 |
| 安徽 | 六安市 | 舒城县 | 5.26 亿 | 童车 |
| 湖北 | 黄冈市 | 蕲春县 | 2.82 亿 | 温灸器 |
| 安徽 | 六安市 | 裕安区 | 2.02 亿 | 绿茶 |
| 河北 | 保定市 | 曲阳县 | 2.01 亿 | 石雕 |
| 重庆 | 重庆市 | 万州区 | 1.87 亿 | 连衣裙、手机 |
| 西藏 | 拉萨市 | 城关区 | 1.85 亿 | 冬虫夏草 |
| 湖南 | 娄底市 | 新化县 | 1.70 亿 | 其他 |
| 河南 | 开封市 | 兰考县 | 1.64 亿 | 古筝、琵琶 |

表2是2014年832个国家级贫困县在阿里零售平台上销售的前10名县域，我们看到镇平、平乡、舒城等县域，已经发展起了超过5亿元的网销产业，不仅直接或间接提升当地居民的收入，并且一个个淘宝县也呼之欲出。

现在的贫困县大都是过去在资源驱动的思维下形成的，要么没有资源，要么交通闭塞，最终导致他们无法摆脱贫困。而在表2中的贫困地区，我们看到了他们思维方式的变化，由资源驱动向资源与市场双轮驱动转变。通过对接电商大平台，感知市场需求，然后再去寻找资源、组织生产，从无到有长出一个新型产业。如江苏睢宁的家具网销、山东曹县的儿童戏服，都是依托互联网大市场，从无到有硬生生长出的产业。

### 案例　曹县大集乡的电商逆袭

山东省曹县大集乡丁楼村是一个偏僻的村庄，但在2009年前后，村民纷纷开起了服饰销售的网店，在淘宝上主营儿童戏服。这样一个小众的需求，在互联网上找到了庞大的顾客群。网店改变了村民的生活习惯，大家都充满了创业的激情和活力，从此很难再看到村民们聚集打牌、打麻将的现象。

丁楼村总人口1107人，共有300余户，其中280余户开有淘宝网店，占全村的95%以上。丁楼村以演出服、戏服、舞蹈服、道具等服饰为主营产品，2013年，全村年销售收入超100万元的服饰加工户达到30家，其中7家服饰加工企业销售额已超过500万元，吸纳周边村庄上千名村民从事服饰加工行业，并引来7家物流公司在此设点，每天定时收发货物。

在大集乡，丁楼村的示范效应，带动了周边的乡村也开始从事网店经营。大集乡已形成了以丁楼村、张庄村为中心，辐射全乡及周边乡镇的演出服饰产业集群。全乡光缆入户2336户，从事网络营销近2000户。2012年，大集乡演出服饰网络销售额达2700万元，占全乡工业产值的9.5%，2013年销售额达到1亿元，上缴税金300万元。淘宝产业已经成为大集乡的支柱产业之一。2014年底，在第二届淘宝村论坛上，大集乡荣获首批"淘宝镇"称号。

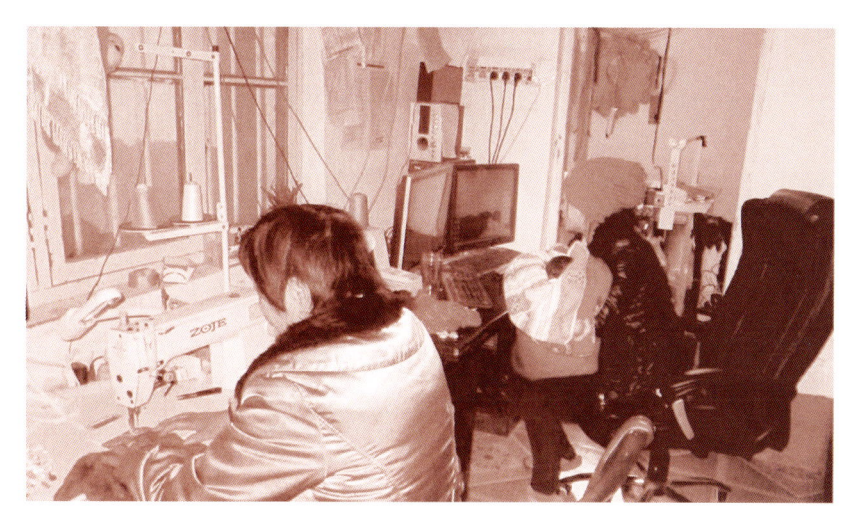

图 15　山东省曹县网店经营者

任庆勇，男，69 岁，丁楼村的贫困户，家里开了一个小超市，每年收入不到 1 万元。儿子儿媳常年在外打工，老伴身体不好，需要常年吃药。2012 年儿子儿媳开始接触电脑，在网上销售演出服，任庆勇一边开着超市，一边帮助儿子儿媳在家里发货。眼见订单不断增加，儿子儿媳回乡创业，开始生产加工演出服。任庆勇也开始自学电脑，由于年龄大，先学习拼音，用一个手指慢慢地练习，学会电脑之后，开始帮助开服饰加工厂的儿子经营网店，2013 年、2014 年每年都能净赚 10 万元左右。

### 3.4.3　农村淘宝加速贫困地区电商发展

截至 2015 年 9 月 30 日，农村淘宝已经在全国 22 个省 147 个县市上线，其中涉及国家级贫困县 31 个，省级贫困县 42 个，贫困县占比 49.66%。

表 3　农村淘宝在国家级贫困县开业情况（至 2015 年 9 月底）

| 省 | 市 | 县 | 村点数 |
| --- | --- | --- | --- |
| 安　徽 | 安　庆 | 岳西县 | 49 |
| 安　徽 | 阜　阳 | 颍上县 | 44 |
| 安　徽 | 阜　阳 | 临泉县 | 64 |
| 安　徽 | 六　安 | 寿　县 | 27 |

续表

表3 农村淘宝在国家级贫困县开业情况（至2015年9月底）

| 省 | 市 | 县 | 村点数 |
|---|---|---|---|
| 安徽 | 六安 | 舒城县 | 53 |
| 甘肃 | 陇南 | 武都区 | 29 |
| 甘肃 | 陇南 | 成县 | 33 |
| 贵州 | 黔东南 | 黄平县 | 7 |
| 贵州 | 铜仁 | 印江县 | 35 |
| 贵州 | 铜仁 | 铜仁市 | 52 |
| 贵州 | 遵义 | 习水县 | 1 |
| 河北 | 承德 | 平泉县 | 14 |
| 河南 | 安阳 | 滑县 | 43 |
| 河南 | 南阳 | 内乡县 | 39 |
| 河南 | 商丘 | 柘城县 | 43 |
| 河南 | 信阳 | 光山县 | 39 |
| 河南 | 信阳 | 固始县 | 41 |
| 黑龙江 | 哈尔滨 | 延寿县 | 35 |
| 黑龙江 | 绥化 | 明水县 | 44 |
| 湖北 | 黄冈 | 蕲春县 | 36 |
| 吉林 | 白城 | 镇赉县 | 26 |
| 吉林 | 白城 | 通榆县 | 34 |
| 江西 | 赣州 | 宁都县 | 15 |
| 江西 | 赣州 | 瑞金市 | 39 |
| 江西 | 赣州 | 于都县 | 41 |
| 江西 | 萍乡 | 莲花县 | 28 |
| 陕西 | 宝鸡 | 扶风县 | 35 |
| 四川 | 绵阳 | 北川县 | 37 |
| 云南 | 大理 | 宾川县 | 65 |
| 重庆 | 重庆 | 秀山县 | 21 |
| 重庆 | 重庆 | 奉节县 | 60 |

我们计算出832个国家级贫困县在2014上半年、2014下半年和2015上半年，在阿里零售平台上"电商消费总额"和"电商销售总额"的同比增长率（上图虚线），与已经加入农村淘宝的31个国家级贫困县的增长率（上图实线）进行比较，我们看到开展农村淘

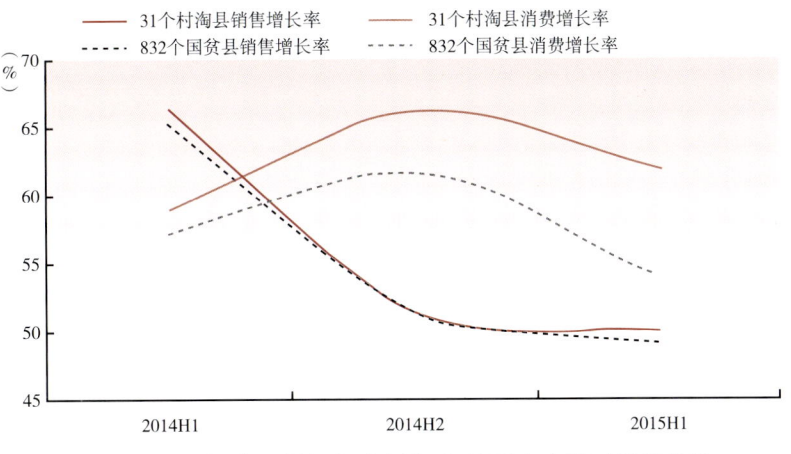

图 16　国家级贫困县加入农村淘宝前后电商增长率的变化

宝的 31 个国家级贫困县，其增长率明显高出一筹，尤其是在买入方面，高出 5-8 个百分点，这与农村淘宝入驻后先行开展的村民代购业务密不可分。

### 3.4.4　蚂蚁金服为贫困地区带来普惠金融

同阿里巴巴的农村战略一样，蚂蚁金服在农村也不仅提供金融服务，还输出金融服务能力，服务农村金融机构，依靠大数据和云计算赋能农村金融机构，从而更好地支持农民、农业和农村发展。

在金融服务方面，蚂蚁金服集团 2013 年推出余额宝产品，以一元钱的低门槛、进出灵活的方式，借助迅速普及的移动互联网，当年就对中国境内的 2749 个县实现了全覆盖。金融理财不再是城市有钱人的专利，农民们动动手指，通过智能手机，就连小额资金同样也可以享受到理财服务。在提升农民，尤其是贫困群众财富水平的同时，也进行了一场很好的金融启蒙。

在小额贷款方面，蚂蚁金服已经连接了 2300 多家农村金融机构，服务了 200 多万农村电商以及数量庞大的农村支付宝用户，已为 18 万家农村小微企业提供了经营性贷款，累计放贷 300 亿元。蚂蚁金服借助农村淘宝合伙人对村民的了解以及其他一些风险控制手段，给农民直接授信，发放纯信用贷款，贷款额度为 2 万 ~100 万元。2015 年 7 月 1 日，蚂蚁金服实现了第一笔针对农民个人的贷款。桐庐县 37 岁的毛竹经销户赵记华，在当地合伙人的帮助下，用手机将身份证、户口本等拍照并提交，24小时内便收到了蚂蚁小贷发放的2万元纯信用贷款。

2014年，来自663个国家级贫困县的经营者，在蚂蚁金服平台申请了阿里小贷，在832个国家级贫困县的覆盖率达到79.69%。这些贫困县的约2.02万名经营者共贷款29.73亿元，还款29.26亿元，还款率达到98.41%。

中国人民银行副行长潘功胜（潘行长曾长期在农行工作，是农村金融方面的专家）曾经说过，"在农村发展微型金融，产品不要完全基于抵押和质押的方式，而是基于信用的方式。但是，只有微型金融，才能基于信用的角度去发放贷款。"互联网金融终于用自己的方式实现了农村金融中里程碑式的突破。

## 案例 网商银行"旺农贷"

2015年6月25日，作为国内首批试点的5家民营银行之一，蚂蚁金服的浙江网商银行正式开业。以帮助贫困地区农民发展生产为目标，网商银行设计了面向农村农户的互联网小额贷款产品"旺农贷"，主要为农村里的种养殖者、小微经营者提供无抵押、纯信用的小额贷款服务。从9月开始旺农贷在农村淘宝进驻的几个国家级贫困县试点，获得了贫困农户的好评和认可。

云南省宾川县贫困户王文松，因建房花去家中的大半积蓄，来年开春种植成本投资不足，于是想贷款周转资金，满足生产种植的需求。王文松申请了20万，"旺农贷"批下来7万元。王文松感受颇深："方便，解决了不用到银行排队、看脸色、资料被积压等问题，与到银行的紧张比起来，很放松，能说自己想说的话。"

王文松所在村的农村淘宝合伙人苟玉龙也给出了评价："这个产品确确实实帮助村民解决了一些问题，与银行比起来，方便、快捷、无担保。利息虽说比银行高，但是其效率高、速度快，能够快速拿到贷款。"

甘肃省陇南市武都区贫困户庞永生，申请了5万元贷款，3天就审批了下来。庞永生非常高兴："比银行方便，不用找人托关系，也不用送东西请客，还不要抵押。"

同村的农村淘宝合伙人庞利龙也给出了反馈："对于农村种地的农民而言，有用途才会来贷款，我们会认真帮助客户推荐每一笔贷款。在农村，'旺农贷'可以帮助需要资金的优质农户缓解资金压力，审批速度快，不要抵押、纯信用贷款给村民带来了极大的方便，村民再也不用去求人、托人、找关系来解决贷款的事情了。"

经过在几个贫困县的试点运营，2015年11月9日，网商银行对外宣布，"旺农贷"正式上线，开始向更多地区的贫困群众提供生产型小额贷款服务。

### 3.4.5 阿里巴巴为贫困地区培育电商生态

#### 一 832个国家级贫困县中的淘宝村

淘宝村[①]是中国农村经济和电子商务发生核聚变的典型产物。截至2014年12月，全国已发现各种类型的淘宝村212个，这些淘宝村有效提高了当地农民的收入，提升了农民生活幸福指数，也成为拉动农村经济发展、促进农村创业和就业、缩小城乡数字鸿沟的新型渠道。212个淘宝村拥有活跃卖家数量超过7万家，带来直接就业岗位达28万个以上。

至2014年底，有3个国家级贫困县出现了4个淘宝村，分别是河北省曲阳县羊平镇南村，河北省平乡县丰州镇霍洪村、田付村乡艾村，湖北省郧西县涧池乡下营村。同时在14个省级贫困县中，也出现了42个淘宝村。

表4 至2014年底832个国家级贫困县的淘宝村

| 省 | 市 | 区/县 | 镇/乡/街道 | 村 | 主营产品 |
|---|---|---|---|---|---|
| 河北 | 保定市 | 曲阳县 | 羊平镇 | 南村 | 石雕 |
| 河北 | 邢台市 | 平乡县 | 丰州镇 | 霍洪村 | 童车 |
| 河北 | 邢台市 | 平乡县 | 田付村乡 | 艾村 | 童车 |
| 湖北 | 十堰市 | 郧西县 | 涧池乡 | 下营村 | 绿松石 |

---

[①] 阿里研究院将淘宝村定义为：大量网商在农村聚集，他们以淘宝为主要交易平台，形成了规模化、协同化的电子商务生态现象。阿里研究院也给出了判断淘宝村的三条原则：①农村，农村草根网商自发形成；②规模，网商数量达到当地家庭户数的10%以上，且电子商务交易规模达到1000万元以上；③协同，形成相对完整的产业链，具有协同发展的特征。

表5　至2014年底省级贫困县的淘宝村数量

| 省 | 市 | 区/县 | 数量 |
|---|---|---|---|
| 广东 | 河源市 | 龙川县 | 1 |
| 江苏 | 宿迁市 | 沭阳县 | 3 |
| 江苏 | 徐州市 | 睢宁县 | 5 |
| 山东 | 滨州市 | 博兴县 | 6 |
| 山东 | 菏泽市 | 曹县 | 7 |
| 浙江 | 金华市 | 武义县 | 1 |
| 浙江 | 丽水市 | 缙云县 | 1 |
| 浙江 | 丽水市 | 龙泉市 | 2 |
| 浙江 | 丽水市 | 松阳县 | 2 |
| 浙江 | 台州市 | 黄岩区 | 1 |
| 浙江 | 台州市 | 三门县 | 1 |
| 浙江 | 台州市 | 天台县 | 4 |
| 浙江 | 台州市 | 仙居县 | 1 |
| 浙江 | 温州市 | 永嘉县 | 7 |

## 案例　湖北郧西县的"淘宝村"

湖北省郧西县下营村出产绿松石，2011年王涛、王杰兄弟回乡开设了村里第一家网店，通过电子商务销售绿松石。经过初期的艰难创业，网店生意走上正轨。网店销售额2012年达到30多万元，2013年达到70多万元。

下营村并不大，村民很多沾亲带故，王家兄弟开网店挣钱的事，在村里很快尽人皆知，王家兄弟也愿意把经验传授给村里人，给大家"带路"。之后村民纷纷"触电"，网店如同雨后春笋般涌现出来。

26岁的孔莉目前也在网上销售绿松石。2013年1月，孔莉结婚后注册了一家销售绿松石的网店，当年销售额达到50多万元。村民蒋家明原来在外打工，2013年回到村里开了家网店，仅用一年时间，他的网店销售收入就达到40万元左右。原本通过经商、考学从下营村走出去的村民，纷纷回到村里开网店。就连多年前嫁到陕西的一位女子，也回到村里筹备开网店。在下营村的带动下，邻近的涧池村和上营村也开办了多家网店。

2014 年全村实现销售额 3000 余万元，而 68 家网店的直接开办者，是一群平均年龄 25 岁的 80 后、90 后，这些年轻人经常聚在一起交流探讨网络营销。通过网络，村民将绿松石销售到北京、上海、西藏、广东等省市自治区，甚至卖到新加坡等国家。

在淘宝网店的带动下，申通、圆通等物流企业纷纷在原本偏僻的下营村设立物流点，该村已形成集绿松石采购、加工、运输、销售于一体的完整产业链条。

## 二 阿里平台为贫困地区培育电商人才近 30 万人

至 2015 年上半年，832 个国家级贫困县在阿里零售平台上，共有用户 1972.65 万个；共有卖家 29.27 万个。他们无疑会成为未来更多消贫实践的推动者和践行者，成为消贫创新的源泉。

表 6　2015 年上半年在阿里零售平台上国家级贫困县买家数前 10 名

| 省 | 市 | 县 | 买家数 |
|---|---|---|---|
| 湖 北 | 孝感市 | 大悟县 | 323780 |
| 重 庆 | 市辖区 | 万州区 | 283151 |
| 湖 北 | 恩施州 | 恩施市 | 145072 |
| 陕 西 | 安康市 | 汉滨区 | 128332 |
| 西 藏 | 拉萨市 | 城关区 | 120818 |
| 贵 州 | 安顺市 | 西秀区 | 119685 |
| 重 庆 | 重庆市 | 开 县 | 117963 |
| 河 南 | 安阳市 | 滑 县 | 112801 |
| 四 川 | 广安市 | 广安区 | 110470 |
| 四 川 | 巴中市 | 巴州区 | 107841 |

表 7　2015 年上半年在阿里零售平台上国家级贫困县卖家数前 10 名

| 省 份 | 城 市 | 县 域 | 卖家数 |
|---|---|---|---|
| 河 南 | 南阳市 | 镇平县 | 8245 |
| 河 北 | 邢台市 | 平乡县 | 6838 |
| 重 庆 | 市辖区 | 万州区 | 3813 |
| 河 南 | 安阳市 | 滑 县 | 2877 |
| 安 徽 | 六安市 | 裕安区 | 2774 |
| 安 徽 | 六安市 | 舒城县 | 2685 |
| 湖 北 | 恩施州 | 恩施市 | 2305 |
| 西 藏 | 拉萨市 | 城关区 | 2288 |

续表

表7　2015年上半年在阿里零售平台上国家级贫困县卖家数前10名

| 省　份 | 城　市 | 县　域 | 卖家数 |
|---|---|---|---|
| 湖　北 | 黄冈市 | 蕲春县 | 2208 |
| 湖　南 | 娄底市 | 新化县 | 2126 |

### 三　"农村淘宝"合伙人，支持年轻人返乡创业

农村淘宝模式自2014年11月落地以来发展迅速，截至2015年9月底，农村淘宝已累计覆盖全国22个省，建立147个县级服务中心，建成5870个村级服务站。

农村淘宝模式建立之初，在村级服务站的选择上，采取的是小卖部兼营的方式，即：选择村里地理位置好、店主学习能力强的小卖部作为合作伙伴，店主通过淘宝客的分佣体系获得提成。这种模式的优势在于充分利用了农村的已有商业设施，在一定程度上加快了服务站的落地速度，不足之处则是小卖部的专业化程度不够，只能采取坐商、兼营的办法，制约了村点的服务效率。

2015年5月起，阿里巴巴集团启动了农村淘宝的"2.0"模式，合作伙伴从非专业化的小卖部，转变成为专业化的"农村淘宝合伙人"，阿里巴巴计划在未来发展10万名合伙人。农村淘宝合伙人瞄准那些思维灵活、有较强服务和宣传意识、熟悉互联网和网购的当地人，尤其是返乡青年。

和培养好买手的1.0相比，2.0的重点是培养好卖手，此举对于提升农村淘宝的运营效率、推动农村创业就业具有积极意义。据统计，2015年5月，全国农村淘宝合伙人中有20位月收入超过5000元，最高的月收入达1.6万元，随着农产品销售的逐渐加入，农村合伙人的收入还将继续攀升。

在遍布全国的众多农村淘宝合伙人中，有1020位来自31个国家级贫困县，农村淘宝给他们带来收入提高的同时，也使他们成为这些贫困县未来脱贫致富的关键力量。

**案例　河南滑县的合伙人招募**

河南省滑县是国家级贫困县，近年来，滑县将电子商务作为赶超跨越发展的突破口，大力

推动现有产业与电子商务融合发展。2015 年，滑县与阿里巴巴达成合作协议，于 8 月 5 日启动了农村淘宝的千县万村计划。

阿里巴巴农村战略重在生态培育，因此"农村淘宝合伙人"的招募就成为每一个县级运营中心的关键任务。合伙人不是简单地为村民提供网上代购，还要能完成网上代卖、缴费、本地生活等服务。申请者必须经过 6 轮的筛选，最后通过考核才可以成为合伙人。阿里巴巴将为其提供电脑、电视、店铺招牌，以及人才成长培训；合伙人负责做市场宣传推广，为村民做代购服务，获取佣金报酬。

滑县农村淘宝启动以来，县政府与阿里巴巴共同进行宣传推广、招募淘宝合伙人并开展项目设施建设。在农村淘宝合伙人的招募中，县政府除了使用社交媒体广泛传播外，还特意在上海、广州和深圳的强势媒体上投放广告，号召滑县籍年轻人返乡创业。结果在 120 个合伙人的招募目标中，涌回了 5749 名年轻人报名，报考比例超过了国考标准。而没有入选的年轻人则都被引入县里的电商产业园，通过培训、办公、网货等服务，把他们引导成为网商，继续开展电子商务创业。

8 月 25 日，阿里巴巴农村淘宝滑县服务中心正式开业运营，当日该县首批 43 个村级服务站全部投入运营，网上日单量达 3505 单，创下阿里巴巴农村淘宝河南区日单量最高。

### 3.4.6　电商消贫帮扶特殊人群

阿里巴巴确信社会责任对企业不是负担，在每一家企业的商业模式中，都可以找到自身与社会责任的结合点，同时坚信，企业社会责任应内生于企业的商业模式，惟其如此才能实现可持续发展。因此，阿里巴巴很早就开始尝试用电商的手段来帮助特殊弱势群体，电商消贫的脉络也正是在这些尝试中逐渐清晰的。同时平台共享产生的协同与服务，也使更多有情怀的网商、服务商得以加入这场消贫实践中来，弱势贫困群体借助电商的手段，得以自立自强，脱贫致富。

一　电商消贫帮扶少数民族

西部少数民族地区是我国连片的贫困地区，但同时很多的民族地区却拥有独特的自然资源（优质物产或优美风光），过去因为交通条件限制，或流通基础设施的欠缺，信息闭塞，这些独特资源往往无法变现，从而长期处于贫困状态。通过阿里平台上众多网商及服务商的努力，近些年来电商消贫在这里开花结果，在新疆、宁夏、贵州等地均涌现出很多少数民族电商脱贫的案例。

### 案例 维吉达尼，民族地区的电商扶贫实践

在贫困地区中，有一类贫困源于资源贫乏，当地确实没有可经营的资源，还有一类贫困源于交通闭塞，尽管有着丰厚的资源，但不便的交通使得产品不能高效流转，销售不畅又伤害了生产的积极性，从而陷入恶性循环。新疆，尤其是南疆贫困地区，大多属于后一种类，丰厚的资源优势与落后的流通体系形成矛盾，使农民不能通过市场获取应有收入，最终形成贫困。

2011年，在南疆喀什，4位援疆青年邂逅了维吾尔族小伙阿穆，能否通过电子商务帮助维吾尔族农户把优质农产品卖出去，卖上好价钱，提高他们的收入，这个共同的使命让他们走到一起。他们组织农户成立了维吉达尼（维语：良心）农民专业合作社，架通电子商务，将保留着自然农作和储存方式的新疆农产品卖到全国各地。

维吉达尼通过合作社组织农业技术培训，与农户签署合同，他们的收购价比市场价往往高出5~7元，但对农户在产品上也有更高要求。通过加入维吉达尼，维吾尔族农户们提高了收入，其中最多的一位农户，2014年销售掉了4.8万元的杏干。目前维吉达尼在喀什、深圳、吐鲁番都建立起了运营团队。30多个收购点遍布全疆各地，覆盖2000多个农户，2013年销售规模做到了1000万元，其中有一半在淘宝平台上完成。

维吉达尼的案例将电子商务赋能的概念进一步延伸，在西部民族地区，要像沙集那样，让每一家农户都成为直接对接互联网大市场的主体，显然是有困难的，除了数字鸿沟，还有语言障碍。另外农产品的特性，又使得个体农户不具备多季节多种类的产品生产能力。通过成立合作社，将全疆多地的农户组织起来，为他们提供销售服务，进行专业化营销，成为一种新的赋能形式。同时多地、多类产品的混合经营，也保证了网店信用不受季节等因素影响。在多民族、

多文化区域，维吉达尼为电子商务赋能走出了一条可行之路。

从电商赋能入手，解决农村数字鸿沟，帮助农民了解并利用信息技术，以数字化应用提高收入，缩短城乡差距，维吉达尼的消贫实践为我们提供了宝贵样本。

二　电商消贫帮扶留守人群

随着我国城镇化的发展，在农村贫困地区，大量的青壮年离乡进城，从而留下一个以妇女、老人和孩子为主体的社会，电商的分享溢出效应也给这类群体带来了新的发展机会。电商的分享溢出效应，就是随着电商的规模化发展，在一定地域内形成良性的市场生态，这些留守的弱势人群可以通过参与电商产业链，获得发展机会，即便没有直接或间接参与电商产业链，也可以从中分享发展成果。

**案例　"孔明灯"点亮电商消贫路**

江西省宁都县是国家重点扶持的贫困县。刘鹏飞，宁都人，2007年大学毕业后拿着5元钱到义乌闯天下，创办了飞天灯具厂，生产的孔明灯通过电子商务卖向了世界，并连续四年全球产销量第一，被称为"孔明灯大王"。刘鹏飞2011年入选"全球十佳网商"，成为国内知名的大学生创业英雄。2008年，小有成就的刘鹏飞回到宁都，将飞天孔明灯厂也迁到了田头镇，开始了他的赋能扶贫之路。

孔明灯厂建立起来后，为了让更多的人能参与进来，刘鹏飞在多次的研究后，将孔明灯的生产流程分解为多个简单易学，又能快速上手，人人均可操作的小环节。如：裁纸、糊边、做竹圈、包蜡块、加工、包装等。灯厂将每道工序分摊下去，愿意做的都可以领材料回家加工，计件付费。

把工厂化整为零，把加工环节全部转至农民家庭，小小孔明灯带动了宁都县多个乡镇留守妇女和老人的就业。带小孩子的妇女，把纸张领回家就可以"糊边"；种农活的中年夫妇，空闲时间则可以"编织竹圈"；古稀的老人，边唠嗑边"包蜡块"；刚毕业的初中生，则对灯具进行着"包装";留守的妇女可以到灯厂上班,下班不耽误照顾孩子吃饭;周边乡镇的或者行动不便的残疾人,则在家里完成"纸灯笼"的制作。

留守或弱势的人群皆能找到适合自己的工种,按照劳动时间、强度和技术难度的不同,每月又可获得600-2500元不等的收入。在宁都,通过孔明灯解决的就业人数超过2000人,忙时能达到3000人,每年带来工资收入接近2000万元。

随着工厂的发展,"孔明灯"的就业效应开始显现,开始还主要靠一些在家照顾孩子和老人的留守妇女,而今却已招引了2000多名打工者返乡。当地乡民因"孔明灯"取得的年收入,最多的超过2.8万元,可谓一盏灯点亮了一个镇。

社科院汪向东老师对这一案例这样评价:"这一头,是众多无法外出打工的农村妇女找到了新生计,在不误照看家庭的同时每月增加了几百元收入,乡镇经济形成了新的产业依托;那一头,通过跨境电子商务直接对接到全球市场。"

三 电商消贫帮扶伤残人群

伤残人群也是社会的一个弱势群体,由于身体原因,失去了在传统领域工作的能力,没有收入从而导致贫困。电商消贫也为残疾人提供了新的上升通道,网络创业突破了传统招聘用人的年龄、身体状况、文化背景等条件的限制,为伤残人群提供了公平就业的平台,带来了更多公平的发展机会。更有残疾人通过培训学习,掌握了电子商务的手段和能力,进而成功创业。

**案例 邹阿姨网上卖米粉自强自立**

江西新余的邹阿姨53岁,10多年前的一场意外,让她高位截瘫,失去了工作能力,也没有了收入来源。

2014年,当地一家电商企业"全城电商"发起了网商孵化工作,希望发动更多的人参与电商创业,为报名者提供系统、专业的培训,并给他们提供"网货"等服务,创业者则帮助企业进行分销，把当地的土特产品，如米粉等销售出去。邹阿姨报名参加了这个计划。

当"全城电商"的小伙伴第一次上门去邹阿姨家的时候，邹阿姨乐坏了，她不敢相信，真有人会驱车几十里的山路去为她辅导。近一个月时间的授课，邹阿姨基本掌握了电脑基础知识，并在帮助下注册了网店。邹阿姨的用心和努力感动了每一个帮助他的人，每天晚上十点邹阿姨还在不断联系老师教给他的操作要领，她的专心、专注不是一般人能够比的。

一年多下来，邹阿姨已经成功地开办了第三家网店，还开始帮助同样的病友开始了电商创业。邹阿姨从一个电脑盲到一个创业成功的淘宝店主，不仅实现了经济自立，进而还成了家里的主要收入来源。邹阿姨感慨："'全城电商'帮助我实现了创业的梦想，现在我需要用我掌握的技术去帮助更多需要帮助的人，这样大家就都有好日子过了"。

## 四 电商消贫帮扶"魔豆妈妈"

魔豆妈妈原指淘宝上"魔豆宝宝小屋"店铺的主人，虽身患癌症、家庭破裂却自强不息地开店养活女儿的伟大母亲周丽红，后泛指接受"魔豆宝宝爱心工程"救助的身处逆境，但积极向上的母亲。

中国红十字会、淘宝网等单位发起组织的"魔豆宝宝爱心工程"，在全国多个城市寻找困难而坚强的母亲——"魔豆妈妈"。它为身处困境的母亲提供资金支持、电脑捐助、系统培训、创业辅导等援助，帮助她们在淘宝上创业就业，以获得维持正常生活的稳定收入，以"授之以渔"的永续方式替代"授之以鱼"的一次性捐助。

2011年，魔豆爱心工程荣获由国家民政部颁发的政府最高慈善奖项"中华慈善奖"。截至2014年底，"魔豆爱心工程"已经帮助了868位母亲，2014年魔豆全年交易额为1900万元，拥有交易的店铺数为413家，店均年交易额46000元，其中年交易额10万元以上的为44家。

**案例 一个魔豆受助人的故事**

我叫黄银华，我是一位残疾人，但我是一位自豪的魔豆受助人，一个骄傲的魔豆项目传承，发扬者，我现在在做一所学校，我的梦想就是像魔豆项目一样去帮助更多的人实现电子商务的创业就业，特别是帮助全国更多的残疾兄弟姐妹，像我一样通过就业，实现生命的尊严与个人的价值。

1993 年，我从鄂州农村来到武汉创业。2009 年，我所钟爱的书店举步维艰，家庭变故让一向自信的我对未来充满迷茫，失去信心，在那些极度灰暗的日子，市残联推荐我参加魔豆爱心工程，那段时间我都心情沉重，去了现场，我并不太积极，记得当时魔豆工作人员有位胖胖的女孩子，她递给我一张表，热情鼓励我说："你能行，别担心。"我感觉她有一种特质，后来到阿里巴巴多次，我才知道，这是阿里巴巴的特质，还是魔豆人的特质，更是爱，是平等，是尊重，这样的特质让我好奇，在我心里播下了不一样的种子……

学完 5 天后，我开了属于我的淘宝小店，我开始积极地，快乐地跟所有的人讲，我会开淘宝店了，我需要一个好的货源，很快我就找到了属于我的货源，第十五天就卖出了自己的第一个宝贝，第一年销售额 200 万元，成为当年魔豆销售第一名，今天我的网店线上线下销售近千万元，特别感谢魔豆给我带来的变化。

在当时的魔豆负责人清岚小二的帮助下，我们加盟了淘宝大学，正式借助淘宝大学的力量，用魔豆的项目形式去帮助残疾人就业，并且负责执行湖北所有的魔豆帮扶项目，我们到过湖北八个城市，前后帮扶残疾人，困难女性 2000 余人。培训他们电脑基础、淘宝、云客服、美工、推广，现在她们中有 90% 通过我们的帮助实现了网络创业就业。特别是魔豆云客服就业，经过我们一段的努力，培训的 50 人里面，有 40 余人都实现了就业。

特别自豪的是，我们执行魔豆项目，连续两年获得全国第一，2014 年我们得到中国残联授予的"国家级残疾人职业培训基地"，加盟了速卖通大学，今天我们的电子商务培训的内容更多元化，2015 年我们投资建立电子商务产业孵化器，并且成立了'渔'基金，我们将坚持做"授人以渔"的公益，打造公益自循环体系。

作为一个受助人，我觉得魔豆妈妈是一种自强不息的精神，而魔豆项目就是一种"授人以渔"，温暖他人的一种精神，而我，要坚持魔豆的精神，并且将这样一种精神，爱心接力，到湖北，全国各个角落去温暖、帮助更多的人。

# 4

## 阿里巴巴电商消贫的全球化视野

2015年8月，联合国193个会员国就2015年后发展议程达成一致，"消除贫困和饥饿，促进经济增长"成为其首要的可持续发展目标，"在未来15年内彻底消除极端贫困，将每天收入不足1.25美元的人数降至零"。作为一个世界大国，中国必须承担起这个责任。

而2013年习近平主席就提出建设"新丝绸之路经济带"和"21世纪海上丝绸之路"的战略构想，即"一带一路"战略，其目标就是推进国际经济合作，实现共同发展、共同繁荣。

2014年阿里巴巴发布了农村、大数据和全球化的企业战略，其在中国农村的消贫发展目标，与全球化的使命愿景结合在了一起。阿里巴巴希望将在中国贫困地区的电商消贫经验，通过培训、生态培育等手段，随着全球化战略，向更多国家赋能推广，推进国际消贫。

阿里巴巴电商消贫的全球化视野主要表现在两个方面：

一是帮助中国农民，尤其是贫困地区的农民，对接全球化趋势，让他们了解世界，也让世界了解他们。通过农村淘宝搭建的电商服务体系，贫困地区的农民开始享受到国际优质的商品服务，既包括消费品，也包括农资产品等，在享受全球化福利的同时，也拓展他们的思维方式。同时通过多种方式，让世界了解中国农村电子商务，如通过阿里研究院涉农研究成果的对外输出，与国外研究机构的合作研究等。

二是对外输出电商消贫的商业模式，推进国际消贫实践。"一带一路"沿线的64个国家里，大部分都是欠发达国家，贫困人口众多。尤其在东南亚、南亚等沿线国家，无论是农民居住密度、农业生产方式，还是农村基础设施现状等，都与我国相似。我们在电商消贫上的成功经验，完全可以复制推

图17　由阿里研究院活水学者编撰的《中国淘宝村》英文版输出到印度

广,授人以渔,而后共同营造渔场,实现经济发展。我们向它们输出的,将不再仅是资金援助、产业援助,或者人员援助,还会有一整套新经济思维下的自立自强的商业模式,最终在世界范围内消除贫困,实现共同发展。

图18 印媒呼吁学习淘宝村经验,见2015年10月26日《环球时报》

# 附 众说电商消贫

国务院副总理汪洋：利用市场化办法，依托新技术、新商业模式和龙头企业，推进光伏扶贫、电商扶贫、旅游扶贫等，探索贫困群众稳定受益机制。

——

国务院扶贫办副主任洪天云：未来五年，政府要投入140多亿元使全国98%的行政村全部覆盖宽带网，支持农村，特别是条件比较差的农村发展电商，用信息技术促进农村发展，这是一个非常好的机会。

——

国务院参事、友成扶贫基金会常务副理事长汤敏：互联网＋电子商务为扶贫开发开辟了新路径，是经济欠发达地区实现弯道超车的有效途径。

——

甘肃省陇南市市委书记孙雪涛：把空间上的万水千山变为网络里的近在咫尺！

——

黑龙江省明水县县长洪非：《水调歌头·电商百日速记》

身微肩大任，何以报万民？幸窥脱贫捷径，从此乐津津。建点落地选品，启智布道实训，敢不效殷勤。疾呼天下士，援手助众亲！

读数据，研政策，会嘉宾。互联多路，竞引豪士为之拼。处处唯新是举，个个创意夺市，叱咤好光阴。乘风舒双翼，快我富民心！

——

社科院信息化研究中心主任江向东：电商扶贫是一个新生事物，在开展电商扶贫时，各种力量如何构建一个良好的推进机制非常重要。在各种力量中间，两种最重要，一个是政府，另一个就是市场主体。

忽略电子商务对于农村减贫扶贫的作用，这在21世纪互联网时代的今天，不能不说是一个巨大的缺憾。

——

华中师范大学中国农村研究院院长徐勇：距离市场越近距离贫困就越远，距市场越远的地方距贫困也越近。因此，要从根本上改变贫困的面貌，就是要通过市场的作用将贫困地区的资源转化为资产、将资产转化为资本、将资本变现为财富。农村电商进入贫困山区，其实质就是在发挥市场的扶贫功能，让山货进城、网购下乡，改变山区的生活面貌。

——

山东省郓城县淘宝大学 74 岁学员王继德：《七律·上淘宝大学有感》

网络春潮暖郓州，几多志士竞风流。开屏遍览千秋事，弹键笑迎四海俦。自古发家凭血汗，而今富国赖筹谋。老夫无技酬昌世，淘宝平台觅富钩。

## 报告作者及致谢

**作者**

张瑞东　阿里研究院高级专家

蒋正伟　阿里研究院数据专家


**致谢（按照姓名首字母排列）**

陈嘉轶　蚂蚁金服农村金融高级专家

陈　亮　阿里研究院资深专家

陈　卓　阿里巴巴集团社会责任部高级专家

方德华　蚂蚁金服研究院高级专家

方建生　阿里巴巴集团副总裁

高红冰　阿里研究院院长

梁春晓　阿里研究院数据委员会主席

盛振中　阿里研究院高级专家

宋　斐　阿里研究院副院长

苏　晶　阿里巴巴集团政府事务部高级专家

游五洋　阿里研究院资深专家

汪向东　社会科学院信息化研究中心主任

郑　威　阿里巴巴农村淘宝事业部高级专家

AliResea
阿里研究院

"微信"二维码

来往账号：阿里研究院
新浪微博：阿里研究院

# 洞察数据　共创新知

www.aliresearch.com

### 图书在版编目(CIP)数据

电商赋能 弱鸟高飞：电商消贫报告：2015 / 张瑞东，蒋正伟著.
—北京：社会科学文献出版社，2015.12
 ISBN 978-7-5097-8496-9

Ⅰ.①电… Ⅱ.①张… ②蒋… Ⅲ.①电子商务－扶贫－研究报告－中国 Ⅳ.①F724.6 ②F124.7

中国版本图书馆CIP数据核字（2015）第282682号

## 电商赋能 弱鸟高飞
——电商消贫报告（2015）

| | |
|---|---|
| 著　　者 / | 张瑞东　蒋正伟 |
| 出 版 人 / | 谢寿光 |
| 项目统筹 / | 恽　薇　王婧怡 |
| 责任编辑 / | 许秀江　陈凤玲 |
| 出　　版 / | 社会科学文献出版社·经济与管理出版分社（010）59367226 |
| | 地址：北京市北三环中路甲29号院华龙大厦　邮编：100029 |
| | 网址：www.ssap.com.cn |
| 发　　行 / | 市场营销中心（010）59367081　59367090 |
| | 读者服务中心（010）59367028 |
| 印　　装 / | 三河市东方印刷有限公司 |
| 规　　格 / | 开　本：787mm×1092mm　1/16 |
| | 印　张：5　字　数：68千字 |
| 版　　次 / | 2015年12月第1版　2015年12月第1次印刷 |
| 书　　号 / | ISBN 978-7-5097-8496-9 |
| 定　　价 / | 48.00元 |

本书如有破损、缺页、装订错误，请与本社读者服务中心联系更换

▲ 版权所有 翻印必究